Hildegard Risch

Pionierin der Schmuckkunst von der Burg Giebichenstein

Ilka Scheidgen

Ilka Scheidgen

Hildegard Risch

Pionierin der Schmuckkunst von der Burg Giebichenstein

Bibliografische Information der Deutschen Nationalbibliothek:
Die Deutsche Nationalbibliothek verzeichnet diese Publikation in der Deutschen Nationalbibliografie; detaillierte bibliografische Daten sind im Internet über http://dnb.dnb.de abrufbar.

TWENTYSIX – Der Self-Publishing-Verlag
Eine Kooperation zwischen der Verlagsgruppe Random House und BoD – Books on Demand

© 2017 Ilka Scheidgen für den Text und alle Fotos
© 2017 Ilka Scheidgen für das Cover

Herstellung und Verlag:
BoD – Books on Demand, Norderstedt

ISBN: 978-3-740-72989-9

Vorbemerkung

Ein Porträt **über** Hilde Risch, die große Schmuckkünstlerin aus Halle anzufertigen, darum wurde ich von der Künstlerinnen-Gemeinschaft GEDOK in Köln, deren langjähriges Mitglied diese war, gebeten, um für die Nachwelt festzuhalten, was das Geheimnis dieser bemerkenswerten Frau und ihres Schaffens sei.

Viele Male habe ich Hilde Risch in ihrer Wohnung in einem schmucklosen Hochhaus in Wesseling am Rhein besucht, wo sie seit ihrer Übersiedelung aus Halle seit mehr als dreißig Jahren lebte.

Stets waren unsere Gespräche so anregend, dass ich dabei die Zeit vergaß. Die Zeit, die uns davonlief und die uns schließlich überholte in der Zäsur ihres, Hilde Rischs, Todes.

Bei meinem letzten Besuch im Jahre 1996, da schon im Altenheim in Langenfeld, hatte ich ihr versprochen, das Porträt in Kürze fertigzustellen.

Und sie hatte es voller Spannung und Interesse erwartet. Doch dazu kam es nicht mehr. Eine Woche nach diesem Besuch, nur zwei Tage vor Vollendung ihres 93. Lebensjahres, ist Hilde Risch dort im Franziskushaus gestorben.

Im Grunde hatte ihr Künstlerherz wohl schon zu schlagen aufgehört in dem Moment, als ihr klar wurde, dass sie nie mehr würde arbeiten können.

Ihre *Familie,* das heißt: die Kinder ihrer Freundin Eva Mascher-Elsässer, hat für Hilde Risch den Totenspruch ausgewählt:

> *Selig sind die Toten,*
> *die in dem Herren sterben, von nun an.*
> *Ja, der Geist spricht:*
> *Laß sie ruhen von ihrer Arbeit,*
> *denn ihre Werke folgen ihnen nach.*
>
> *(Offenbarung Johannes)*

Hilde Risch ruht nun von ihrer Arbeit aus. Ihre unvergleichlichen Werke bleiben uns als Geschenk.

Einleitung

Die berühmte Schmuckkünstlerin Hildegard Risch, die 1903 in Halle geboren wurde und 1996, kurz vor Vollendung ihres 93. Geburtstages, starb, habe ich durch intensive Gespräche über einen Zeitraum von knapp drei Jahren bis unmittelbar vor ihrem Tod kennengelernt.

Ein äußerst interessantes, schaffensreiches Leben hat diese ungewöhnliche Frau erlebt und mir darüber lebhaft und anschaulich erzählt.

Ich konnte sie bei ihrer Arbeit als Goldschmiedin beobachten, konnte ihre Kunstwerke, die in bekannten Museen und Ausstellungen zu sehen waren, in ihrer Wohnung bewundern - aber vor allem sie selbst als außergewöhnliche Persönlichkeit, die zudem durch ihr langes Leben zu einer Zeugin dieses Jahrhunderts geworden ist, erleben.

Halle an der Saale: Marktplatz

Die erfahrene Armut in den zwanziger und dreißiger Jahren wurde für Hilde Risch zum besten Lehrmeister und führte sie in ihrer Gestaltung von Schmuck zum Prinzip des Weglassens. Unvergleichliche Stücke von archaischer Schönheit sind dadurch entstanden.

Faszinierend ist diese Frau in ihrer Schlichtheit, ihrem Humor, ihrem bis zum Ende ungebrochenen Gestaltungsdrang. Obwohl sie die letzten fünf Jahre an den Rollstuhl gefesselt ist, arbeitet sie unvermindert weiter, versorgt sich selbst, ist eine aufmerksame Gastgeberin und nimmt interessiert am Weltgeschehen Anteil.

Erst als ein häuslicher Unfall ihr die bis dahin verteidigte und hoch eingeschätzte Selbständigkeit raubt und sie nicht mehr kreativ tätig sein kann, erlischt auch ihr Überlebenswille.

Die Kunst war ihr Leben. Hilde Rischs Werke geben Zeugnis von einem Geist, der in der Materie das Metaphysische zum Leuchten bringt. Dieses Porträt soll etwas vom Leben, Schaffen und Denken dieser großen Künstlerin vermitteln.

Hildegard Risch und Ilka Scheidgen

Beginn

Wesseling: eine Kleinstadt zwischen Köln und Bonn gelegen und beherrscht von den Raffinerien großer Ölgesellschaften mit einem wenig ausgeprägten Stadtbild, durchzogen von einer Bahnlinie, umgeben von Autobahnen, die der raschen Verbindung zwischen den Städten Köln und Bonn dienen, wenig Schönes, wenig Natur, wohin das Auge blickt.

Hier wohnt also die berühmte Goldschmiedin Hilde Risch im sechsten Stockwerk eines riesigen langgestreckten Hochhauses, unmittelbar an der Fußgängerzone. Der Weg dorthin ist schwirig zu finden. Den Eingang suche ich lange. Er liegt versteckt hinter einem Kaufhaus unweit der Bahngeleise.

Unter den hunderten an Klingelknöpfen suche ich noch länger nach dem Namen Risch. Dann im sechsten Stock angekommen vor mir ein mir endlos erscheinender langer Flur.

Aber dann sehe ich schon eine offene Tür und eine Frau im Rollstuhl darin, die mich freundlich heranwinkt. Statt Blumen habe ich ein paar Kuchenstücke mitbringen sollen für unsere gemeinsame Teestunde, in der wir uns ja erst einmal kennenlernen wollen.

Hilde Risch rollt geschickt mit dem Rollstuhl durch die kleine Diele, dann rechts um die Ecke hinein in ein gemütlich-helles Zimmer, bestückt mit schönen alten Möbeln. In einem Sitzeckchen zwischen einem Schrank und ihrem Arbeitsplatz, der sich unmittelbar vor dem Fenster befindet, hat sie bereits den Tisch gedeckt.

Sofort vergesse ich die Unwirtlichkeit, die mich draußen umfing, fühle mich herzlich willkommen in diesem schlichten Ambiente, das schon so viel von seiner Bewohnerin verrät.

Hilde Risch - eine archaische Erscheinung, schmal, grazil, Würde ausstrahlend, mit lebhaften Augen und einem feinen Lächeln auf ihrem Gesicht - sorgt sich zunächst um mein leibliches Wohl.

Sie hat ihre Wohnung so eingerichtet, dass sie alle Verrichtungen selbst erledigen kann trotz ihres Handicaps, dass sie sich seit einigen Jahren mit dem Rollstuhl bewegen muss.

Den Tee zuzubereiten ist für sie fast eine Zeremonie, eine, die sich bei all meinen Besuchen wiederholen wird. Sie kennt das rechte Maß, die notwendige Zeit zum Ziehen. Und getrunken wird aus hauchdünnen Porzellantassen.

Schon zu Beginn teilen sich mir Wesenszüge mit, die Hilde Risch kennzeichnen: eine große Diszipliniertheit, Offenheit und Freundlichkeit. Eine weitere werde ich schon bald kennenlernen. Es ist die Dankbarkeit.

Dankbar ist Hilde Risch, dass sie so bequem und schön wohnen kann, dass ein Knopfdruck genügt, und das Licht geht an, dass aus dem Wasserkran warmes Wasser kommt, dass die Wohnung eine Heizung hat.

Beschämt registriere ich, wie ein Mensch sich über Dinge täglich neu freuen kann, die die meisten viel zu selbstverständlich geworden sind.

Der Blick aus dem großen Fenster geht hinaus auf Bahngelände und Hochhäuser, auf Strommasten, Schornsteine und Kühltürme der nah gelegenen Chemiekonzerne.

Aber das scheint eine Frau, wie Hilde Risch es ist, nicht im Mindesten zu stören. Warum das so ist, auch das werde ich im Laufe des näheren Kennenlernens erfahren.

Es ist die Selbstgenügsamkeit, die Bescheidenheit einer großen Künstlerin, die ihren Kosmos in sich und um sich besitzt und die das Außen, das ja auch immer ein Äußerliches ist, nicht braucht, weil ihr Inneres nach außen strahlt.

Natürlich kenne ich einige wichtige Daten aus ihrem Leben, und ich kenne einige ihrer kostbaren Schmuckstücke. Aber was mich erwartet in den folgenden Begegnungen mit Hilde Risch, kann ich noch nicht ahnen: der lebenssprühende Geist einer Junggebliebenen, der unbändige Drang nach Gestaltung, die Fähigkeit zum Dialog. So beginnt unsere Beziehung. So nimmt ein Stück Lebensgeschichte seinen Lauf.

Gleich bei unserem ersten Treffen erzählt Hilde Risch sehr lebhaft, wie sie zur "Burg" kam. Burg - das ist die "Burg Giebichenstein" in Halle, die als Kunstgewerbeschule in den frühen zwanziger Jahren Berühmtheit erlangte - als Pendant des nahen Bauhauses in Weimar (später in Dessau) und durch eine rege Zusammenarbeit mit deren Künstlern.

"Ja, das kam so", beginnt Hilde Risch mit ihrer Erinnerung, "das war die beste Zeit in der Burg, 1922, da fingen ja die sogenannten "goldigen Zwanziger Jahre" an."

Sie war damals gerade 19 Jahre jung und hatte eine Einladung bekommen von einem Onkel, der in Illinois lebte und dem die Frau gestorben war. Dem sollte sie nun den Haushalt führen. Aber dazu hatte sie nicht die geringste Lust!

Kurzerhand erklärte sie ihrer staunenden Mutter: "Nach Amerika kann ich nicht, ich habe mich nämlich in der Burg angemeldet!"

Tatsächlich war sie auf der Burg gewesen, obwohl sie eigentlich gar nicht so recht wusste, was sie dort machen wollte. Das gestand sie auch dem Direktor der Burg Giebichenstein Paul Thiersch.

Mittelalterliche Mauern der Burg Giebichenstein

Die Forschheit der jungen Hildegard Risch muss diesem wohl gleich gefallen haben, denn er lud sie ein, sich die einzelnen Werkstätten anzusehen. Vorbereitet auf das, was sie dort möglicherweise erwartete, war sie gleichwohl. Denn, so erzählt sie, ihre Mutter, die vor ihrer Heirat Handarbeitslehrerin an einer, wie das damals hieß, "Frauenarbeitsstätte" gewesen war, habe ihr schon als Kind ästhetische Begriffe beigebracht.

Temperamentvoll berichtet sie von ihren ersten Eindrücken auf der Burg, wie sie von Werkstatt zu Werkstatt ging und einfach das, was dort geschah, auf sich wirken ließ.
 "In der Tischlerei war mir zu viel Krach. In der Emaillewerkstatt waren so komische Weiber. In der Töpferei war mir zu schmieriges und zu nasses Zeug. Und dann kamen wir zur Metallwerkstatt."

Und als sei es erst gestern gewesen, beschreibt sie das Erlebnis ihrer 'Erwählung': "Da verglomm gerade ein Feuer auf der Esse. Es war mittags. In diesem Moment wusste ich: hier bleibe ich!"
 Der Direktor war einverstanden, und sie durfte sich ihrem zukünftigen Lehrer, dem berühmten Metallwerker Karl Müller, der die Metallwerkstatt in Gie-

bichenstein bis zu seiner Emeritierung 1958 leitete, vorstellen.

Dass Hilde Risch dort dann wirklich ihre Ausbildung im Gürtlerhandwerk absolvierte, empfindet sie noch heute im Rückblick wie eine Fügung in ihrem Leben.

"Was mich eigentlich damals so faszinierte an der Verarbeitung von Metall, konnte ich nicht erklären. Aber ich habe auch im Nachhinein noch das Gefühl, da war etwas, was mich gelenkt hat."

Vom Gürtlerhandwerk zur Goldschmiedekunst

Mit Goldschmiedekunst hatte die damalige Werkstatt noch nichts zu tun. Es wäre auch gar nicht das Geld dagewesen, um Edelmetalle zu kaufen.

Die Gürtlerei ist ein sehr altes Handwerk, bei dem mit Hammer und Holz Metallplatten aus Kupfer und Messing bearbeitet werden.
"Eine ganz schöne Knochenarbeit", meint Hilde Risch erklärend. Und sie legt großen Wert darauf klarzustellen, dass sie ein Handwerk erlernt hat.

Von Kunst, so sagt sie, sprach man damals im Zusammenhang mit diesen Fertigkeiten nicht. Ein wenig spöttisch fügt sie hinzu:

"Heute heißt die Burg ja Hochschule für Design oder auch Hochschule für angewandte Kunst!" Die früheren Lehrer nenne man heute Professoren, und die Schüler bzw. Lehrlinge von damals seien heute Studenten.

Natürlich flossen in die Arbeiten auf der Burg Giebichenstein die zeitgenössischen Kunstrichtungen wie Expressionismus, Kubismus, Bauhaus mit ein.

"Man versuchte sich an das anzulehnen, was aktuell war", erzählt Hilde Risch, "aber ich habe das schnell wieder gelassen!"

Früh schon hat Hilde Risch sich in ihren Arbeiten freigemacht von Vorbildern und eine große Eigenständigkeit entwickelt, auch bereits in den ersten Gebrauchsgegenständen, die sie anfertigte und die schnell Beachtung fanden.

"Der Begriff Kunstgewerbe war von einem bestimmten Zeitpunkt an anstößig", erinnert sie sich und kommentiert: "Sehr zu meinem Ärger! Heute heißt das ja Design!" Sie zieht ihre schmalen Lippen zusammen, ein Faltenkranz bildet sich um ihre« Mund, bevor sie laut lacht.

Das Aufwerten durch modische Begriffe für ein Tun, das der Schönheit verpflichtet ist, hat Hilde Risch nie nötig gehabt. Das ist auch nicht verwunderlich, wenn man von ihr erfährt, dass die Armut ihr eigentlicher Lehrmeister war.

An so extravagante Dinge, wie Schmuck herzustellen, hat sie zunächst nicht im Traum gedacht. Zu einer Zeit, als man sich als Mädchen eher burschikos gab, wo der Begriff "garconne" (abgeleitet vom französischen garcon=Junge) auf so forsche junge Mädchen wie ihresgleichen angewandt wurde, hatte Hilde Risch mit Schmuck noch nichts im Sinn.
"Schmuck, nee, das ist was für Lieschen Müller, aber nichts für mich!" gibt sie ihre damalige Einstellung zum Schmuck und zum Sich-Schmücken mit spitzbübischem Lächeln wider.
 Schließlich war es eine Zeit, die von Armut geprägt war und somit nicht unbedingt als "golden" angesehen werden konnte - oder doch nur für bestimmte Leute.
"Jedenfalls", so fährt sie in ihrem Bericht fort, "können Sie sich nicht vorstellen, in welcher Armut die meisten von uns damals lebten.

Mit zwanzig Mark im Monat mussten manche zum Leben auskommen. Aber", fügt sie hinzu und kommt damit zur wichtigsten Erfahrung ihres Lebens, " wie heißt es so schön: Not macht erfinderisch."

Wie ist sie nun dennoch zum Schmuck und zur Goldschmiedekunst gekommen? Das ist eine Geschichte, die sie höchst lebendig und anschaulich erzählt.

'Blech-Müller' (so nannten die Schüler freundschaftlich ihren berühmten Lehrer Karl Müller) habe sie einmal gefragt, ob sie es nicht mal mit Schmuck versuchen wolle. Aber da sei sie noch nicht so weit gewesen. Erst als sie 1928 für acht Wochen mit ihrer Freundin Eva Elsässer - ebenfalls Müller-Schülerin wie sie - in London war und dort täglich das Britische Museum besuchte, da hat es bei ihr 'gefunkt'.

"Da haben wir erst mal gesehen, was man aus Gold alles machen kann, bei den Etruskern, bei den Griechen und Ägyptern."

Dagegen stellte sich bei einem Besuch des Völkerkundemuseums in Berlin heraus, dass sie zum Beispiel für afrikanischen oder indianischen Schmuck "null Interesse" aufbringen konnte.

"Ich war eben schon immer eine richtige Europäerin", meint sie lachend. Nach ihrer Rückkehr aus

London begannen die beiden Freundinnen mit den ersten Experimenten in der Schmuckherstellung.

Sechs Jahre war Hilde Risch nun schon auf der Burg, eine sehr schöne und überaus wichtige Zeit für sie. Dennoch fühlte sie wie auch ihre Freundin Eva Elsässer, dass es an der Zeit war, auf eigenen Füßen zu stehen, allein über ihr Tun zu entscheiden.

Auf einer weiteren gemeinsamen Reise, diesmal nach Italien, überlegten sie, was zu tun sei. Sie waren entschlossen, sich nicht länger von ihren Lehrern dazwischenreden zu lassen.

"Wir wollten selber etwas machen, ohne dass da einer reinquatscht, Ohne dass, wenn wir mal etwas Neues ausprobieren wollten, der Meister immer gleich sagte:'Frollein, das geht nicht!'"

Das Haus Kleinschmieden 4 in Halle an der Saale

Die Möglichkeit zur Selbständigkeit bot sich durch Vater Elsässer, der in Halle, Kleinschmieden 4 ein gutgehendes Juweliergeschäft besaß. Diese Anfänge als selbständige Goldschmiedin vor mehr als sechzig Jahren hat Hilde Risch noch in ganz frischer Erinnerung. Aus ihrem lebendigen Bericht spürt man noch jetzt den Unternehmungsgeist der beiden jungen Frauen von damals im Jahre 1929.

In der ersten Etage über dem Juweliergeschäft befand sich eine seit langem ungenutzte Werkstatt. "Das ist doch genau das, was wir brauchen", befand Hilde Risch.

Vater Elsässer war mit den Plänen einverstanden. Entschlossenheit und Abenteuerlust halfen ihnen bei ihrem Unternehmen und waren auch bitter nötig, denn, so erzählt Hilde Risch, "das war der Schuttabladeplatz des ganzen Hauses! Da war seit Mitte des vorigen Jahrhunderts nichts mehr tapeziert worden, das sah man an dem Muster der Tapete!"

Das Improvisationstalent der beiden ließ aus dem Gerümpel, das sie vorfanden, bald schon eine Wohnung mit Werkstatt entstehen. Die alten Vorhänge wurden gefärbt, mit dem Stoff dann die Matratzen bezogen. Als Beine für die Betten dienten Konservendosen.

Ihr Ehrgeiz war, Vater Elsässers Hilfe nicht in Anspruch zu nehmen. Hilfe genug war ja bereits, dass sie keine Miete bezahlen mussten.

Dennoch bekamen sie von dem Juwelier ein kleines "Startkapital", nämlich 4 Gramm Feingold. Und was ihnen da alles einfiel! Und was das für einen Spaß gemacht hat!

Beim Erzählen wird Hilde Risch förmlich wieder jung, und ich vergesse ganz, dass sie die neunzig schon überschritten hat und auch nicht mehr durch Räume wirbeln kann wie damals.

Umso erstaunlicher ist es, mit welcher Selbstverständlichkeit sie sich auf ihren eingeschränkten Wirkungsgrad eingerichtet hat.

Hilde Risch und ihre Freundin Eva Elsässer hatten jedenfalls genau das gefunden, was sie sich vorgestellt hatten und was ihnen die Voraussetzung bot, sich in der Goldschmiedekunst bis zur Meisterprüfung fortzubilden.

Bald schon beschickten sie die Leipziger Messe mit ihren Arbeiten. Das Leipziger Grassi-Museum für Kunsthandwerk kaufte Werke von ihnen an. Ihr Bekanntheitsgrad wuchs von Jahr zu Jahr.

Und schon 1931 bekamen Hilde Risch und Eva Elsässer den Auftrag, einen Kronleuchter als Gefangenen-Ehrenmal für die Kirche in Wörmlitz/Halle anzufertigen.

Im selben Jahr bestand Hilde Risch ihre Gesellenprüfung als Goldschmiedin, ohne jemals in diesem Handwerk eine Lehre absolviert zu haben. Sie vervollkommnete ihre Kunst so weit, dass sie 1936 zur Goldschmiedemeisterin wurde.

Inzwischen hatte Eva Elsässer 1935 den Arzt Dr. W.L. Mascher geheiratet. Ehe und Familie setzten bei der Freundin nun andere Prioritäten. Um das Goldschmieden konnte sie sich nicht mehr so intensiv kümmern. Erst nach ihrer Übersiedelung mit ihrer Familie nach Göttingen (1946) kam auch sie dazu, dort 1950 ihre Meisterprüfung abzulegen.

Das Heiraten, so erzählt mir Hilde Risch, sei für sie ein Problem gewesen. Berufstätige Frau und Mutter zu sein, das sei ihr in gewisser Weise unvereinbar erschienen.

"Mutter zu sein, ist ja eine ganz große Verantwortung, „ sagt sie, "Und was Kindererziehung bedeutet, das sehen wir ja jetzt, wo diese Erziehung weitgehend fehlt."

Autorität hält sie für wichtig, eine Autorität, die durch Erfahrung wächst. Für das "Hochgejubele" der Jugend empfindet sie nur Unverständnis.

"Ich weiß doch selber, wie blöd wir waren, als wir jung waren, was für Dummheiten wir da gemacht haben!" Und sie findet wieder ein anschauliches Bild für ihre Meinung: "Aber sie gucken nur bis hierhin, wo die Nase aufhört."

Lebenserfahrung und Klugheit haben sich wie selbstverständlich in einem so langen, immer intensiv gelebten Leben angesammelt. Auch wenn Hilde Risch allein blieb, so hat sie stets zahlreiche Freunde besessen, quer durch alle Generationen.

Die vier Kinder ihrer Freundin Eva Mascher-Elsässer sind ihr wie eigene vorgekommen. Und am Leben der Freunde und Freundinnen, ihrer Kinder und Kindeskinder nimmt sie lebhaft Anteil.

Einsamkeit kennt Hilde Risch deshalb auch nicht. Freundschaften hat sie ihr Leben lang gepflegt, die ihr nun ganz selbstverständlich bereits von der Enkelgeneration zuteilwird.

Mit dem ihr eigenen Humor sagt Hilde Risch: "Ich komme mir ja manchmal komisch vor, dass ich mich hier noch rumtreibe!"

Die lebenslange Freundschaft mit Eva Mascher-Elsässer, die auch während der Zeit der Trennung durch den "Eisernen Vorhang" fortbestand, wurde erst durch deren Tod im Jahre 1994 beendet.

Trocken kommentiert Hilde Risch und gibt damit ihre eigene Einstellung zum Tod wider: "Aber mit 86 Jahren darf man ja wohl sterben."

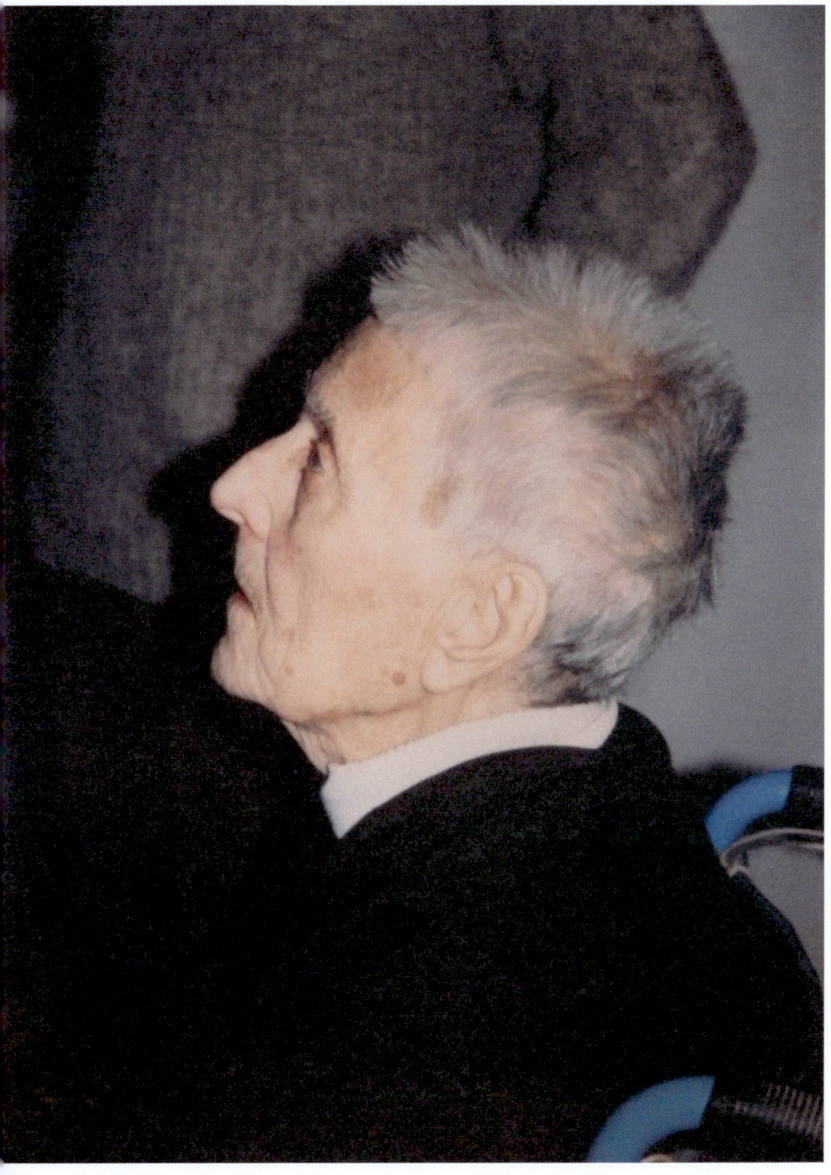

Die Lehre der Armut

Immer wieder kommt Hilde Risch in unseren Gesprächen auf die Armut zu sprechen, und oft zitiert sie ihren Wahlspruch "Not macht erfinderisch". Den in ihren Augen dummen modernen Ausspruch "Lieber reich und abhängig als arm und unabhängig" möchte sie genau umkehren: "Lieber arm und unabhängig als reich und abhängig!" Diese Unabhängigkeit hat sie sich ihr Leben lang bewahrt.

Noch heute lebt Hilde Risch in ihrer netten Zwei- Zimmer-Wohnung allein. Sie hat diese so umfunktioniert, dass sie mit dem Rollstuhl, auf den sie seit fünf Jahren angewiesen ist, überall hingelangen kann.

Fremde Hilfe braucht sie nur zum Einkaufen. Das erledigt für sie zweimal in der Woche ein Zivildienstleistender, oder auch schon mal ihre Krankengymnastin, die ebenfalls zweimal wöchentlich zu ihr kommt.

Langeweile - was das ist, kann sich Hilde Risch gar nicht vorstellen. Mit großer Wachheit verfolgt sie das politische Geschehen am Fernsehapparat und mischt sich sogar, wenn ihr mal eine Berichterstattung nicht gefällt, in Form von Zuschauerbriefen ein.

Und natürlich hat sie ihren Beruf als Goldschmiedin, den sie noch immer ausübt, wie sie sagt: "Nur noch zu meinem eigenen Vergnügen!"

Am Fenster ihres Wohnzimmers, das mit Möbeln noch aus ihrer Hallenser Zeit eingerichtet ist, hat sie eine kleine Werkecke installiert, wo alles, was sie zum Arbeiten braucht, auf kleinstem Raum untergebracht ist.

Eine Werkbank mit dem Ledertuch zum Auffangen des Goldstaubs, eine Lampe, ein Motor mit Handstück zum Bearbeiten von Metallteilen, ein Schraubstock, ein kleiner Amboss, Zangen und Schneidwerkzeuge.

Viel braucht es nicht, um so erstaunliche und erlesene Schmuckstücke, wie Hilde Risch sie anfertigt, herstellen zu können. Hier bewahrheitet sich, dass in der Bescheidung die Meisterschaft zu Tage tritt.

"Ohne Armut kennengelernt zu haben, würde ich nicht wissen, was Qualität ist", so beurteilt Hilde Risch den für sie wichtigsten "Lehrmeister" für ihre Kunst.

Stilsicherheit, Formgefühl und den Sinn für Schönheit hat sie ihm zu verdanken, auch wenn sie es als geradezu grotesk ansieht, dass sie sich mit den kostbarsten Materialien befasst. "Das ist logisch kaum nachvollziehbar", meint sie nachdenklich.

"Also, dieser Wohlstand... Armut wird ja heute wie Aussatz empfunden. Man übersieht ganz dabei, welches Potential darin steckt."

Hilde Risch, die ich später noch als äußerst belesene Frau kennenlerne, erzählt weiter: "Meine Lieblingslektüre - ich habe es zigmal gelesen, mit Begeisterung - war 'Robinson Crusoe'. Der war ja ganz allein auf der Insel. Er musste mit dem, was er dort vorfand, fertigwerden."

Hinter der Begeisterung für dieses Buch steckt im Grunde Hilde Rischs Lebensphilosophie von der Not oder der Armut, die erfinderisch macht. "Jeder Anspruch, den man erhebt, „ sagt sie, "kostet ein Stück Freiheit."

Hilde Risch lässt sich bei ihrer Arbeit nicht nur von den Materialien inspirieren, sondern vielfach auch von Formen aus der Pflanzen- und Tierwelt.

Da schaut sie sich eine Blüte oder ein Insekt so aufmerksam, gleichsam mit staunenden Kinderaugen an: "Da waren Flügel, da waren Beine, da waren Augen. Da steh' ich vor Bewunderung still, dass das funktioniert!"

Und dann verwandelt ihr Staunen das Material in ihren Händen zu etwas Ähnlichem. Einen Ausspruch Picassos hat sie sich notiert: "Mir geht es um Ähnlichkeit, um eine tiefere Ähnlichkeit, die realer ist als die Realität und so das Surreale erreicht."

Dennoch scheint mir im Zusammenhang mit Hilde Rischs Schmuckkunst der Begriff des Surrealen weniger geeignet. "Realer als die Realität" - das schon, ja, das trifft zu.

Aber mir scheint, es ist das in Vorzeiten angesiedelte und über die Zeiten bestehende und hinausweisende Schöne. Das Archaische schlechthin, das das Gefühl vermittelt: Hier stimmt alles. Hier haben Teile unter der Hand der Künstlerin wieder zu einem Ganzen zusammengefunden.

Ich lasse mir von Hilde Risch erzählen, wie sie an eine Arbeit herangeht. Sie rollt zu ihrem Arbeitsplatz am Fenster, lässt sich vom Rollstuhl auf den Arbeitsstuhl gleiten und zeigt mir ein vor kurzem begonnenes Schmuckstück.

Dann erklärt sie ihre Vorgehensweise: "Also wie ich arbeite bis auf den heutigen Tag: Ich arbeite vor mich hin, und da komme ich an einen Punkt, wo ich nicht weiterkomme. Und da murkse ich noch so ein bisschen vor mich hin, und ich müsste es eigentlich schon wegschmeißen..."

Sie lacht herzhaft und erzählt weiter: "Also ich selber bin mit dem, was ich mache, erst zufrieden, wenn es mir gefällt. Und das dauert sehr lange!"
Manchmal lässt sie ein Stück liegen. Dann erkennt sie Fehler, die sie gemacht hat. Irgendwann fängt sie vollkommen neu an, und plötzlich stellt sich in vollkommener Selbstverständlichkeit das Resultat ein - ohne Fehler.
Was dann herauskommt, ist wie ein Stück Kosmos.

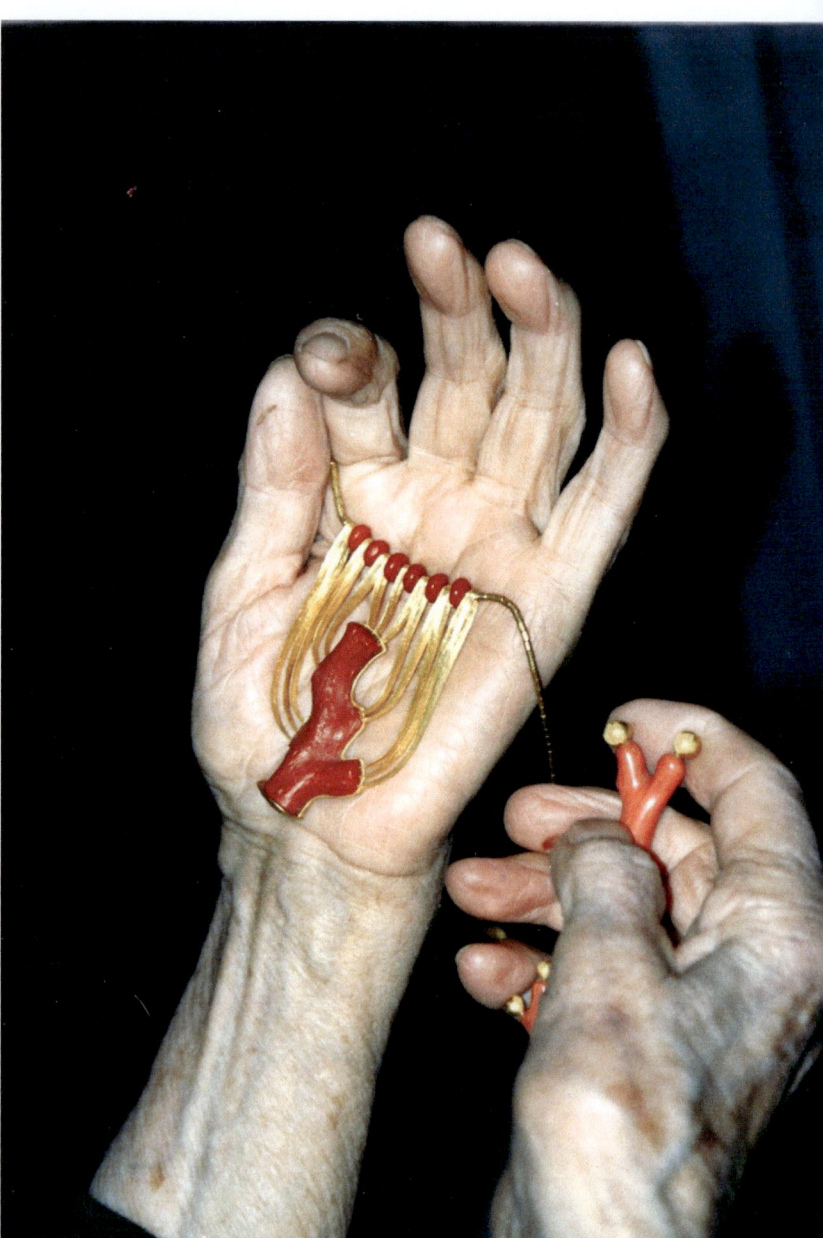

Ein Leben als Zeitzeugin

Hilde Risch - 1903, also zu Beginn des 20. Jahrhunderts geboren - ist, wenn sie aus ihrem Leben erzählt, auch ein wenig stolz darauf, Zeitzeugin fast eines ganzen Jahrhunderts zu sein. So vieles, was spätere Generationen an Zeitgeschichte nur aus Büchern kennen, persönlich erlebt zu haben. Das war "der erste Krieg" und "der zweite Krieg" - sie spricht nicht, wie allgemein üblich, von "Weltkriegen". Da waren die Nachkriegszeit und der Sozialismus in der ehemaligen DDR, unter dem sie ja bis zum Eintritt ins Rentenalter mit 60 Jahren, also bis 1963, lebte. Dann siedelte sie über in die Bundesrepublik und lernte den Wohlstand kennen, von dem sie keine besonders hohe Meinung hat.

Als "Zeugin des Jahrhunderts", wie sie sich selbst nicht ohne eine gewisse Koketterie bezeichnet, sehe sie heute z.B. den Europagedanken verwirklicht, der bereits 1926 in den Köpfen einiger kluger Politiker existiert habe. Damals nämlich wären auf einer internationalen Konferenz in Locarno der Deutsche Gustav Stresemann und der Franzose Aristide Briand aufeinander zugegangen, während zur selben Zeit Hitler vom "Versailler Schandvertrag durch die Gegend gröhlte".

"Das war die verpasste Chance", meint Hilde Risch. Den Hitler mochte sie von Anfang an nicht, schon lange bevor er dann die "Gräueltaten" vollbringen sollte. Schon sein Äußeres gefiel ihr nicht. Wenn die Leute noch ein bisschen länger die Armut ausgehalten hätten, hätte der Krieg nicht kommen müssen, davon ist Hilde Risch überzeugt. Und sie erzählt, wie ihre Familie sich damals trotz großer Armut nicht hat entmutigen lassen. "Die Armut hat uns nicht, wie heute üblich, depressiv gemacht, sondern erfinderisch. Es galt, die Armut zu überlisten."

Stück für Stück erfahre ich auch Details aus ihrer Familiengeschichte. Ihr Vater war angestellter Buchhändler bei der noch heute berühmten protestantischen Franckeschen Stiftung. Das Gehalt war nicht gerade üppig. Das kleine Vermögen, das angespart worden war und einmal für einen Hausbau verwendet werden sollte, ging verloren. "Denn da war der erste Krieg, und da hatte man Kriegsanleihen zu zeichnen. Und damit ist das kleine Vermögen im Nebel verdunstet", wie Hilde Risch in einem anschaulichen Bild kommentiert.

Hilde Risch besuchte ein vorzügliches Lyzeum, das ebenfalls der Franckeschen Stiftung angehörte. Sie absolvierte die Schule bis zum Abschluss, den wir heute mit "Mittlere Reife" bezeichnen.

Burg Giebichenstein mit dem Burggraben

Das ehemalige Herrenhaus, in dem sich heute die Schmuckklasse befindet

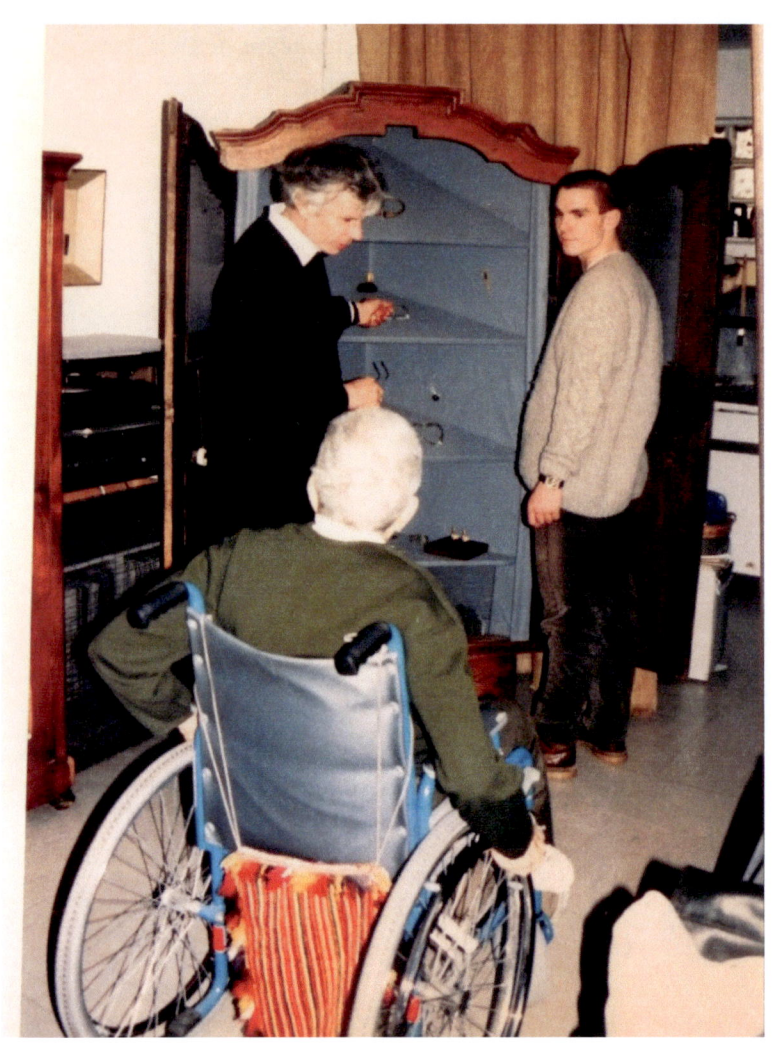

Hilde Risch vor ihrer Schmuckvitrine mit Heinrich und Daniel Scheidgen

Für ihren zwei Jahre jüngeren Bruder kam überhaupt nichts anderes in Frage, als in Berlin an der Technischen Hochschule zu studieren. Er war, wie sie sagt, der geborene Ingenieur, und sein Berufswunsch war nur in Berlin zu verwirklichen. Aber das war für Familie Risch eine finanzielle Hürde, die nicht zu nehmen schien.

"Es gab ja damals noch kein Bafög wie heute!" Jedoch Mutter Risch schuf Abhilfe. Sie entsann sich ihrer Fähigkeiten als frühere Handarbeitslehrerin und richtete in ihrer Wohnung unter dem Motto: "Es muss sich alles, alles wenden" ein Schneiderstudio ein.

Dort gab sie Tag für Tag, vormittags drei Stunden, nachmittags drei Stunden und manchmal sogar noch abends drei Stunden Schneiderkurse.

Tochter Hilde musste bei dem Einsatz der Mutter für das Familieneinkommen natürlich kräftig im Haushalt mithelfen.

Hilde Risch erinnert sich: "Da kam eine buntgewürfelte Schar an Frauen - Unlversitätsprofessorenfrauen, Dienstmädchen, Proletarierfrauen - zusammen, um aus ihren alten Kleidern wieder etwas Anziehbares zu machen. Das war gesellschaftlich ein Phänomen", so analysiert sie es heute, "das war Sozialismus, wie er hätte sein können."

Und gleich fügt sie noch eine erstaunliche Überlegung an: "Für meine Begriffe hat weder Kommunismus noch Sozialismus jemals stattgefunden". Sie wartet mit einer noch bemerkenswerteren und auch ganz unerwarteten Schlussfolgerung auf: "Ich sage jetzt in meinem Alter mit all den Erfahrungen, die man gemacht hat, dass es ohne Christus gar keinen Sozialismus geben kann".

Vom Zeitgeist, von irgendwelchen Trends, hat sich Hilde Risch so gut wie gar nicht beeinflussen lassen. Vielleicht noch am Anfang, da war der Einfluss des Bauhauses eben sehr stark. "Wir auf Giebichenstein waren damals traditionell." erzählt sie, "schon auf Grund der geographischen Nähe - stark mit dem Bauhaus verbunden."

Mehr aber als an diese Tatsache erinnert sich Hilde Risch an den regen Austausch der Studenten auf den phantastischen Festen, wo getanzt und Freundschaften geknüpft wurden.

Sie hat sie alle gekannt, die berühmten Künstler vom Bauhaus: Klee, Feininger, Kandinski, Schlemmer, Mies van der Rohe. Etwas ist ihr besonders im Gedächtnis haften geblieben: "Das Reizvolle am Bauhaus in Weimar war das Provisorische."

Später fragte sie einmal eine Kunsthändlerin aus Berlin, ob sie nicht mal etwas für den Führer machen wolle. Aber da war diese bei Hilde Risch an der falschen Adresse.

Das Avancement entsprach nicht ihrem Naturell. Außerdem widersprach das Martialische der Zeit ganz und gar nicht ihrem Gefühl, "ich machte was <u>ich</u> wollte und was mir gefiel!"

Über mangelnde Aufträge brauchte sich Hilde Risch nicht zu beklagen, auch nicht in der Nachkriegszeit. Sie hatte sich schon einen guten Namen erworben. Nicht umsonst erreichte sie zu jener Zeit, nämlich 1946, der Ruf, eine Professur in Hamburg zu übernehmen. Dieses Angebot lehnte sie jedoch ab. Und das hatte mehrere Gründe, wie sie mir erzählt.

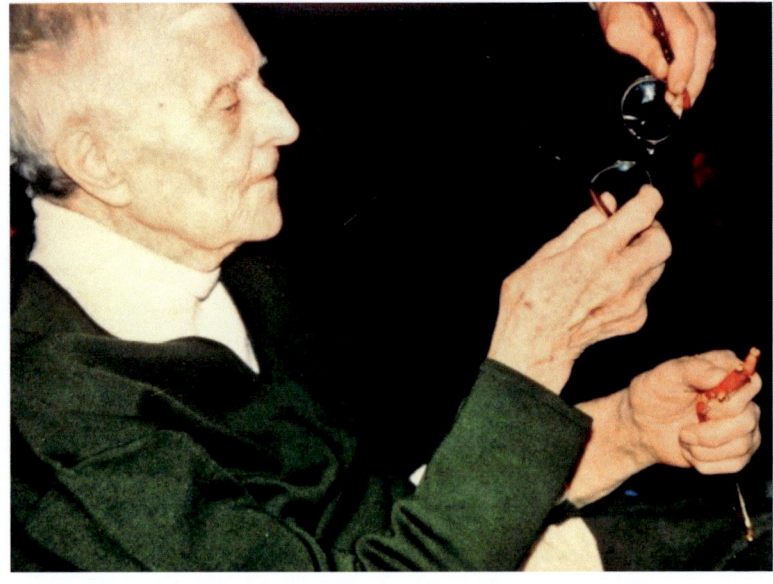

"Einmal", so sagt sie, "geht mir jeglicher Ehrgeiz ab, dazu bin ich viel zu faul!"

Dann konnte sie, die bisher stets ohne Lehrlinge gearbeitet hatte, nicht vorstellen, nun Schüler oder

Studenten ausbilden zu müssen. Sie wusste: "Ich konnte keinen gebrauchen bei der Arbeit!"

Das ist auch in den nachfolgenden Jahren so geblieben. Und dann gab es noch einen Grund: "Ich hatte die Burg im Kopf!"

Von der Burg schwärmt sie noch immer: "Sie können sich nicht vorstellen, <u>wie</u> schön das war! Die Werkstätten waren in den ehemaligen Ställen. Man ging zu ebener Erde hinein."

Brücke zum Gelände der Kunsthochschule Burg
Giebichenstein

Die besondere Atmosphäre in Burg Giebichenstein habe ich, als ich in Halle auf Hilde Rischs Spuren ging, selber erfahren können. Hoch über der Saale liegt die Burgfeste aus dem 10. Jahrhundert. In der Unterburg und den ehemaligen Wirtschaftsgebäuden sind die Werkstätten untergebracht.

Und es geht heute dort wohl noch so zu wie zu den Zeiten, als Hilde Risch dort arbeitete. Über einem malerischen Innenhof mit bewachsenen Laubengängen, Kieswegen, Rasenstücken mit alten Steinfiguren und Terrakotten, Rosenrabatten und verwunschenen Gartenecken erhebt sich die imposante Burgruine aus romanischer Zeit.

Übrigens war für mich der Name Hilde Risch wie ein "Sesam öffne dich". Bereitwillig öffneten mir die Professorinnen ihre Werkstätten. Ich konnte mich in Ruhe dort umsehen und konnte ein bisschen nachempfinden, wie Hilde Risch sich damals dort gefühlt haben mag.

Jedenfalls stellte sich Hilde Risch eine Universität, an der sie als Professorin hätte arbeiten und lehren sollen, einigermaßen schrecklich vor, nämlich so wie sie es einmal bei der mit ihr befreundeten Professorin und Goldschmiedin Elisabeth Treskow in Köln erlebt hatte. "Da musste ich erst mal durch ein Tor. Dann kam ein Treppenhaus, dann wieder Türen und Treppen!" erinnert sie sich, das war nichts für sie! Also blieb sie in Halle.

Auch während der DDR- Zeit sicherte ihr der Beruf als selbständige Goldschmiedin ein Auskommen. Sie beteiligte sich an wichtigen Ausstellungen. Neben der privaten Arbeit kam es zu Museumsankäufen. Ihre in Westdeutschland lebenden Freundinnen Eva Mascher-Elsässer und Elisabeth Treskow ließen sie zu Ausstellungen in Augsburg, Stuttgart und Pforzheim einladen.

Neben ihrer Arbeit als Goldschmiedin übernahm Hilde Risch, als ihre Mutter schwer an einer Geisteskrankheit litt, ganz selbstverständlich deren Pflege, fünf Jahre lang bis zu deren Tod. Im herrschenden Sozialismus sah Hilde Risch nur Macht und Machtausübung am Werk.

Für sie waren und blieben Gestalten wie Christus und Franziskus Vorbilder. Und noch einmal bekräftigt sie, was sie schon so oft gesagt hat: "Die Armut war mein bester Lehrer."

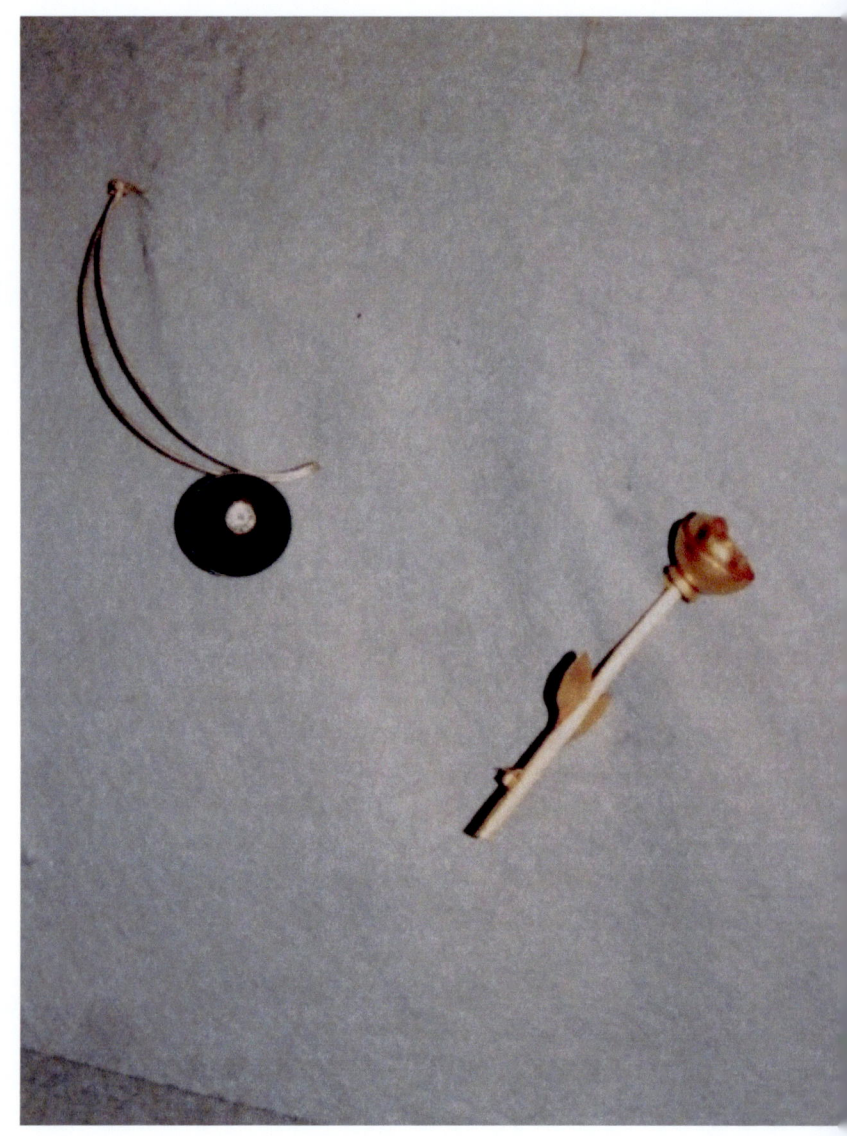

Das Prinzip des Weglassens

Bei den wenigsten Menschen findet Hilde Risch Verständnis für ihre Auffassung über die Armut. Sie muss immer wieder feststellen, dass Mangel und Armut grundsätzlich als negativ empfinden werden. "Dabei ist doch Mangel die Grundlage für Kreativität", sagt sie. Sie bedauert deshalb die Menschen, die im Wirtschaftswunder groß geworden sind.

Das Prinzip des Weglassens ist folgerichtig eine Maxime in Hilde Rischs Schaffen als Künstlerin, aber auch in ihrer Einstellung zu Schönheit ganz allgemein.

Nichts findet sie unsinniger, als sich beispielsweise mit Schmuck zu überladen, etwa an jedem Finger einen Ring zu tragen. Auch ihre Kleidung liebt sie spartanisch einfach. Und sie kann nicht verstehen, wenn Frauen Panik bekommen wegen ihrer ersten Falten und dem mit allerlei kosmetischen Tricks abzuhelfen.

"Also für mich", sagt sie, "kommt da nur 0815 - Schönheit heraus!" Dass sie selbst noch in ihrem hohen Alter so gesund ist, empfindet sie als Verpflichtung. Man solle doch mit dem, was einem von der Natur - oder vom lieben Gott - mitgegeben wurde, etwas anfangen und sich nicht zu etwas anderem - Besserem - machen wollen. Eine Begebenheit aus ihrer Kindheit ist ihr in diesem Zusammenhang noch in Erinnerung.

"Meine Mutter hat bedauert, dass ich keine Locken hatte. Und da hat sie mir welche gedreht. Aber das konnte ich absolut nicht leiden." Hilde Risch muss schon früh ein höchst eigenständiges Persönchen gewesen sein, das genau wusste, was es wollte und was es nicht wollte.

Hilde Risch liebt das Spartanische. Man sieht es ihrer ganzen Erscheinung an. Ich habe sie selbst übrigens noch nie ein Schmuckstück tragen sehen. Die Haare sind kurz geschnitten. Das spart den Friseur, für das gesparte Geld kauft sie sich lieber das teure Arbeitsmaterial. Allen Luxus verabscheut sie. Aber wenn es um das Gestalten eines Schmuckstücks geht, verarbeitet sie gerne Brillanten und kostbare Edelsteine. Dass manche Kollegen oder Kolleginnen sich heute vielfach von Gold und Edelsteinen verabschieden, stattdessen Papier oder Kiesel oder gar Gras verarbeiten, empfindet sie als grotesk.

Zum Stichwort Luxus hat Hilde Risch eine interessante Definition, was ihr eigenes Verhältnis dazu betrifft, parat: "Ich leiste mir den Luxus, Luxus zu lassen." Sie präzisiert das Gesagte noch: "Ich leiste mir den Luxus, frei zu sein von Wünschen, die mich nur in Not bringen." Oder auch: "Ich leiste mir den Luxus, meine Freiheit vom Luxus zu genießen."

An solchen Wortspielen erkennt man den hellwachen Geist einer Frau, die dem Leben, so hart und entbehrungsreich es auch gewesen ist, stets die besten Seiten abgewonnen hat.

Die Tradition des Improvisierens, d.h. aus jeder Situation das Beste zu machen, hat Hilde Risch fortgeführt auch in Zeiten, als sie es längst nicht mehr nötig hatte. Sie hat sich ihre Kleidung immer selbst genäht, ganz einfach auch schon deshalb, weil ihr das, was man kaufen konnte, nicht gefiel.

"Ich habe daraus die Lebensart gewonnen, keine Ansprüche zu haben", sagt sie und vertritt die Meinung, dass heute den Menschen Ansprüche geradezu eingeredet würden. Ihr Fazit daraus formuliert sie folgendermaßen: "Jeder Anspruch bedeutet im gleichen Verhältnis einen Verlust an Freiheit."

Mit Ansprüchen, die einen der Freiheit berauben, meint sie natürlich diejenigen, die man an andere erhebt. Nicht aber an sich selbst, ohne die sich kein Gefühl für Qualität ausbilden kann. Das ist vor allem auch eine Frage der Disziplin, ohne die im Leben und in der Arbeit nichts Großes gelingen kann. Als andere wichtige Eigenschaften nennt Hilde Risch Wachsamkeit und Verantwortung, für andere und auch sich selbst gegenüber.

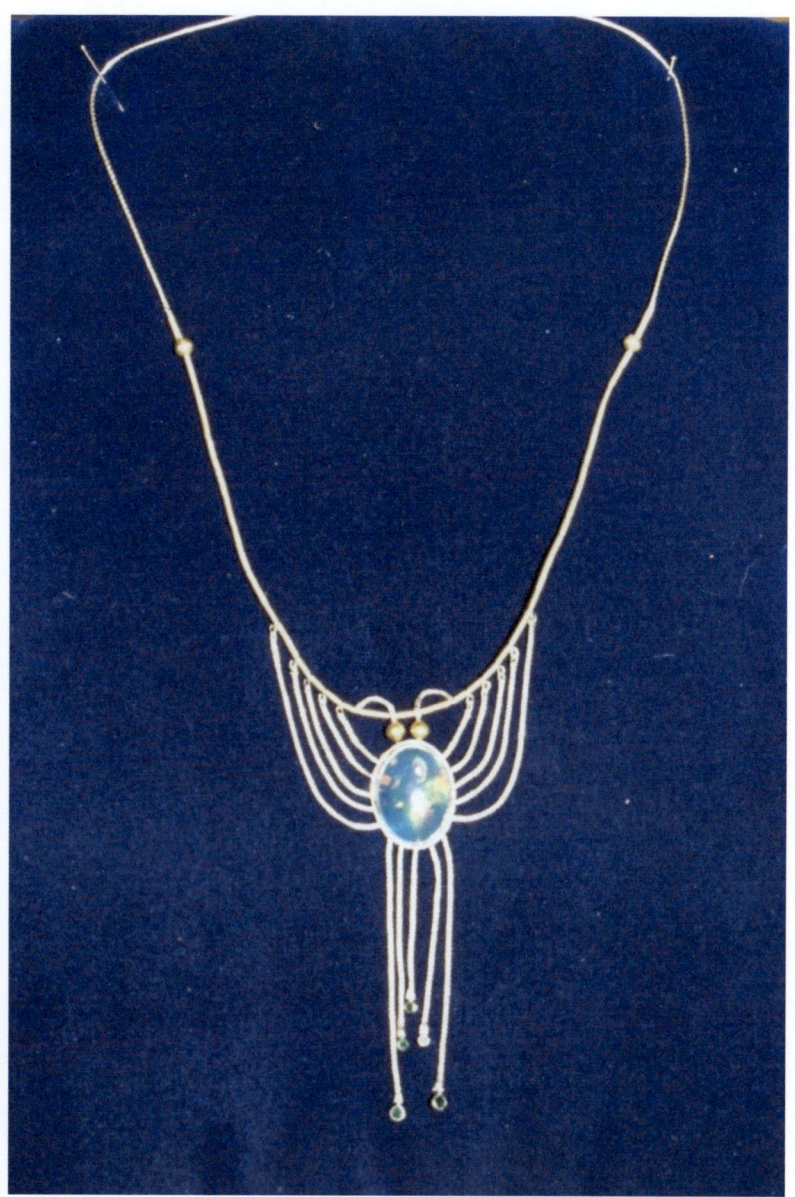

Mich interessiert nun natürlich sehr, wie die auf Grund einer solchen Lebensphilosophie und - praxis entstandenen Schmuckstücke im Original aussehen und wie Hilde Risch bei ihrer Arbeit vorgeht. Ich frage sie, ob sie vor Beginn bereits eine Vorstellung von dem Schmuckstück habe, das sie anfertigen wolle.

Daraufhin holt sie einen runden Lederbehälter, in dem auf dunkelblauem Samt gebettet nun wahre Kostbarkeiten vor mir liegen. Als erstes zeigt sie mir eine Halskette mit einem großen schimmernden Opal. Sie hat diesen, wie sie mir erklärt, in der Form, wie sie ihn erworben hat, in Weißgold gefasst.

"Das ist eine Opalader, die wurde so geschickt gespalten, dass die beiden Hälften - konkav und konvex - genau zusammenpassen. Dazu wollte ich noch Smaragde hinzufügen. Aber die können gegen die wunderschöne Farbe der Opale gar nicht anstinken!" Sie lacht.

Die Smaragde hat sie dennoch verwendet bei diesem Halsschmuck. Aber sie hat diese am Ende von fünf feinen Weißgoldketten in gebührendem Abstand zu dem Doppel-Opal angebracht, dass sie dort ihre eigene Wirkung entfalten können. Obwohl dieses Schmuckstück auf mich den Eindruck macht, als könne es in seiner Schönheit und Perfektion nicht übertroffen werden, will sie nicht ausschließen, dass sie daran noch Änderungen vornehmen wird.

Denn das ist schon des Öfteren vorgekommen, dass sie auch fertige Schmuckstücke, wenn sie ihr noch nicht hundertprozentig gefallen, wieder verändert.

Hilde Risch führt mich dann zu ihrer Werkbank und zeigt mir ein Stück, an dem sie gerade arbeitet.

"Ich weiß noch gar nicht genau, was das einmal werden soll", sagt sie.

Zunächst, so erklärt sie mir, lasse sie sich ganz auf die Eigenschaft des jeweiligen Edelsteins und seiner Form ein.

"Hier wollte ich das Kristalline zur Wirkung bringen." Zum Einfassen eines anderen Opals hat sie Palladium verwandt, ein Platinmetall, weil die gelbe Farbe und der Glanz von Gold die Wirkung des Edelsteins abschwächen würde.

Das einzige Nicht-Edelmetall, das sie bei ihren Arbeiten auch gerne verwendet, ist Eisen, mit dem sie seit ihren Anfängen als Metallwerkerin bestens vertraut ist.

Sie schätzt bei einem Schmuckstück dessen verhaltene Wirkung als hervorragenden Hintergrund, besonders für den strahlenden Brillanten.

Was sie überhaupt nicht könne, erzählt sie mir, sei das Zeichnen. "Ich bin unfähig, etwas Dreidimensionales zweidimensional zu zeichnen."

Deshalb mache sie auch niemals Entwürfe zu ihren Schmuckstücken. Wenn sie einen besonders schönen Stein hat, entsteht plötzlich eine Idee, eine Art inneres Bild von dessen einfassender Gestaltung.

Und die ist jedes Mal wieder eine ganz neue. Vielfach probiert sie verschiedene Variationen aus. Wenn ihr etwas nicht gefällt, zerstört sie es und fängt ganz von vorne an.

Keins ihrer Schmuckstücke ist überladen. Die gestaltende Kraft beruht auf einer werkimmanenten Notwendigkeit und zugleich *Schöpferischen* Freiheit.

Das Selbstverständliche, das den Kunstwerken von Hilde Risch eigen ist, verleiht diesen die Ausstrahlung von Zeitlosigkeit. Sie könnten ebenso aus der Antike stammen. Sicherlich ist sie insofern ihrer ersten Faszination durch den großartigen Schmuck aus Etrurien, Ägypten oder Mykene treu und verpflichtet geblieben.

Opale und Diamanten sind Edelsteine, die Hilde Risch besonders gerne verarbeitet. Viele Preise hat sie im Laufe ihres Schaffens für ihre Werke erhalten, viele Ausstellungen und Museumsankäufe haben ihren Rang als hervorragende Meisterin der Goldschmiedekunst bestätigt. Die GEDOK Köln richtete zu ihrem 90. Geburtstag zwei große Ausstellungen (in Köln und in Hanau) aus. Derzeit wird eine Doktorarbeit über ihr Werk geschrieben.

Der 1. Preis bei einem Internationalen Diamanten-Wettbewerb ermöglichte ihr durch den Ankauf des prämierten Schmucks, sich wieder "Stoff", d.h. hochkarätige Brillanten, für neue Arbeiten anzuschaffen.

Sie könne sich, sagt sie, anders als viele ihrer Kolleginnen den Luxus erlauben, so zu arbeiten, wie sie arbeite, nämlich vollkommen frei, keinen Zwängen der Auftragskunst unterworfen.

Weil ihr eine bescheidene Rente das Existenzminimum sichert, kann sie es sich auch leisten, solange an einem Schmuckstück zu arbeiten, wie sie wolle.

Heute verkauft Hilde Risch keinen Schmuck mehr. Sie arbeitet, wie sie sagt, nur zu ihrem eigenen Vergnügen. Glücklich darf sich schätzen, wer ein Unikat von ihr besitzt. Denn nur um solche handelt es sich. Kein einziges der unverwechselbaren Schmuckstücke, von Hilde Rischs Hand gearbeitet, existiert ein zweites Mal.

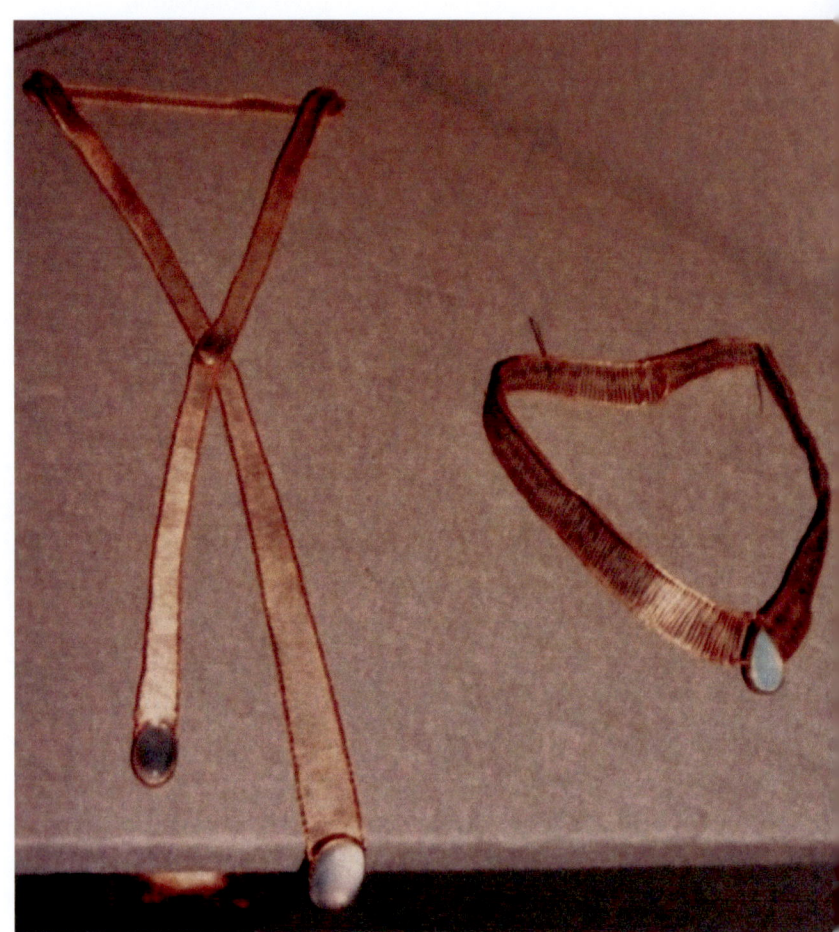

Die Grazie der Selbstverständlichkeit

Bei meinen Besuchen, die Hilde Risch mit Freude und, wie mir scheint, mit wachsender Unruhe erwartet, unterhalten wir uns natürlich nicht nur über Schmuck.

Sie erzählt mir über Gelesenes und Gehörtes, über frische Begegnungen und weit zurückliegende. Wir sprechen über das Heute, das Gestern und auch das Morgen. Wir sprechen über Glauben, Leben und Tod. Angst vor dem Sterben hat sie nicht. Und es gibt Zeiten, in denen sie den Tod fast ein bisschen herbeisehnt. Aber dann empfindet sie es dennoch wieder als Gnade, dass sie in ihrem Alter noch so gesund ist und vor allem noch arbeiten kann.

Zur Religion hat sie ein eher pragmatisches Verhältnis. Sie bezeichnet sich als "in der Wolle gefärbt protestantisch". Mit verschmitztem Lächeln gesteht sie mir, dass sie sich in der Kirche fast immer gelangweilt habe. Aber einer katholischen Freundin zuliebe sei sie trotzdem jahrelang jeden Sonntag in die Kirche gegangen.

Natürlich glaube sie an Gott als eine höchste Instanz, und mit Christus und der Bergpredigt könne sie sehr viel anfangen. Aber zuallererst ist Hilde Risch Realistin. Was da so alles über ein Fortleben nach dem

Tode spekuliert würde, das halte sie für Unsinn. Darüber, das ist ihre Meinung, könne man nichts aussagen.

Hilde Risch hat für sich eine wunderbare Antwort auf diese Fragen gefunden: "Von meiner Geburt bis zu meinem Tod habe ich Anteil am ewigen Leben. Nicht mehr und nicht weniger." Und was das "Danach" angehe, könne sie nur mit Leon Bloy sagen: "J'ai une grande curiosité."

Dass sie ein so hohes Alter in Gesundheit, vor allem bei klarem Verstand erleben darf, darin sieht sie auch ein Geschenk für die fünf Jahre, die sie ihre Mutter gepflegt hat.

Nie wäre es ihr in den Sinn gekommen, ihre Mutter in eine Anstalt zu geben. "Das hat auch etwas mit Moral zu tun", sagt sie. Ein Wort, das man heute gar nicht mehr aussprechen dürfe.

Da hat sie erst kürzlich in einem Buch über Laotse eine großartige Formulierung gefunden: "Moral ist die Grazie der Selbstverständlichkeit."

"Sowie der Zeigefinger erhoben wird, ist die Selbstverständlichkeit verloren, und die Moral verliert die Grazie", kommentiert sie den zitierten Satz und fügt hinzu: "Ohne Moral funktioniert ja eigentlich die Gesellschaft nicht."

Aber wenn sie heute die Gesellschaft betrachte, so sei deren Ideal "Geld und wenn man Geld hat, noch mehr Geld. Und was anderes gibt's nicht!"

Zu jüngeren Menschen sagt Hilde Risch: "Habt doch keine Angst vor dem Altwerden. Es ist doch dermaßen interessant. Es gibt im Leben mehr als Geld und Sex!" Heutzutage nimmt sich der Mensch zu wichtig, meint sie, und nichts sei mehr selbstverständlich. Nur wenn man mit dieser Selbstverständlichkeit lebt und auch arbeitet, besitzt das, was dabei herauskommt, Grazie.

Es geht immer um das Ganze, und das Ganze ist nie etwas Festes. So verstanden, ist alles was wir tun, ein Stück Kosmos. Auch ein Schmuckstück zum Beispiel. Hilde Risch verweilt noch ein wenig bei den Gedanken, die sie durch die Beschäftigung mit Laotse für sich gefunden hat. "Der ganze Kosmos lebt. Mensch, Tier, Pflanze leben, und der Mensch darf nicht aufhören, dem Kosmos anzugehören, indem er sich erhebt und etwas Besseres sein will."

Hilde Risch begeistert sich nicht von ungefähr für diese Formulierung von der "Grazie der Selbstverständlichkeit", der sie nun fast am Ende ihrer Jahrzehnte umspannenden Schaffenszeit begegnet. Es ist gleichsam ein déjà-vu-Erlebnis. Was sie spontan und unbewusst in ihrer künstlerischen Arbeit verwirklicht hat, ist ja genau Ausdruck dieser Selbstverständlichkeit, die dann Grazie besitzt.

Nach diesem gestalterischen Prinzip, das sich ganz auf das Stoffliche einläßt, um ihm durch ein kosmisches Bewusstsein etwas einzuhauchen, was dem Einzelstück immer etwas vom Ganzen verleiht, hat Hilde Risch ihr Leben lang gearbeitet.

Und es ist nicht verwunderlich, dass die Schmuckstücke, die einem solchen Geist und Können entsprungen sind, eine derartige Faszination ausüben. Ihre Ausstrahlungskraft beruht ganz einfach auf dieser "Grazie der Selbstverständlichkeit".

In einem schönen alten Mahagoni-Eckschrank bewahrt Hilde Risch ihre kostbarsten Schmuckstücke auf, die schon auf Ausstellungen zu bewundern waren.

Dieser Schrank ist wie ein eigenes kleines Museum. Eine Halogenlampe bestrahlt die Pretiosen, die auf mit grauem Samt bezogenen, schräg gestellten Schrankfächern befestigt sind.

"Das ist mein Luxus", meint Hilde Risch lächelnd. Ich bin vor Staunen stumm. Ehrfurcht ergreift mich ob einer solchen Schönheit. Ich darf schauen und auch einzelne Stücke in die Hand nehmen.

Hilde Risch macht mich auf zwei Schmuckstücke aufmerksam. Bei einem hat sie poliertes, bei dem anderen naturbelassenes Korallengestein verarbeitet.

"Sehen Sie, wieviel stärker das natürliche Gestein wirkt!" sagt sie. Auch sie selbst schaut sich ihre eigenen Arbeiten gerne an und erfreut sich an ihnen.

Aber am liebsten ist sie vor dem Fenster an ihrem Arbeitsplatz. "Da bin ich am glücklichsten", sagt sie mit einer Einfachheit und Selbstverständlichkeit, mit einer Zufriedenheit und Gelassenheit, die sie in ihrer ganzen Persönlichkeit ausstrahlt.

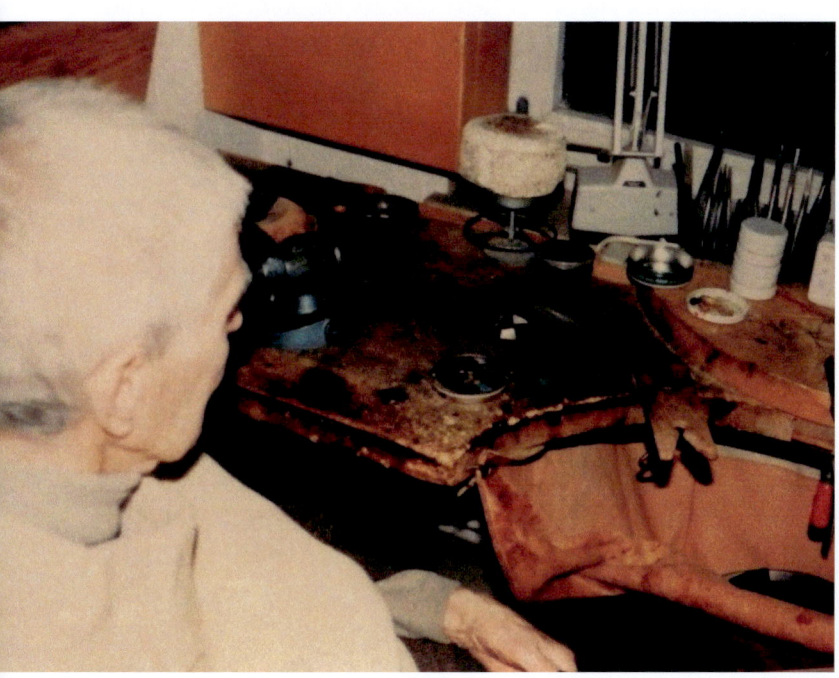

Bei einem erneuten Besuch zeigt sie mir ein Schmuckstück, welches sie erst vor kurzem angefertigt hat. Eine aufblühende Pfingstrose, die ihr eine Freundin schenkte, hat sie so fasziniert, dass sie gedacht hat: "Das möchte ich machen! Und da habe ich Feingold auf 75 prozentiges Gold gelötet, Kreise ausgeschnitten, die ich viergeteilt habe und zu Trichtern gerollt. Und da hatte ich noch kleine Rubine, mit denen ich jahrelang nichts anfangen konnte. Die habe ich einfach da hineinplatziert."

Sie hält das Stück - eine verwandelte Pfingstrose - in das von draußen hereinfallende Sonnenlicht. "Das ist ein Stück, was mir sofort gefallen hat, und jetzt bin ich restlos zufrieden!"

"Meine berühmte Kollegin Elisabeth Treskow hat mich beneidet, dass ich nicht Goldschmiedin gelernt habe, dass ich noch weiß, wie man mit dem Hammer umgeht", erzählt Hilde Risch. "Dem üblichen Goldschmied kommt nichts anderes in den Kopf, als sich dem Zeitgeist anzupassen. Überall in der Kunst - die Goldschmiedekunst mit eingerechnet - herrscht meistens ein Trend. Und der Trend ist schon der erhobene Zeigefinger, der die Grazie mindert."

Hilde Risch hat auch eine antike Technik bei ihren Arbeiten angewandt, die "Granulation". Ein technisches Geheimnis, an dem sie viel rumgeknobelt hat. Kleine Goldkugeln werden dabei auf die Oberfläche von Gold "granuliert". "Das hat etwas mit Spiegelung zu tun", erklärt mir Hilde Risch, "das Konvexe strahlt ab, das Konkave sammelt."

Es macht ihr Spaß, ihre Arbeiten zu zeigen, und sie freut sich sichtlich, wenn dem Betrachter die Schmuckstücke gefallen.

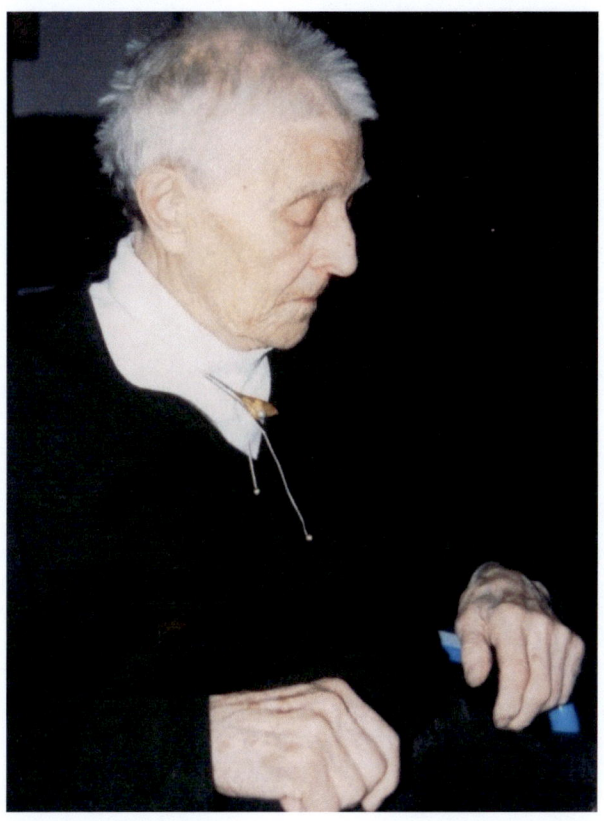

Immer wieder auf ein anders zeigend, weist sie auf Besonderheiten hin: "Dies hier zum Beispiel hat keine Vorder- und keine Rückseite, kein Zweck und kein gar nichts!"

Das ist typisch Hilde Risch.

Zum Demonstrieren legt sie sich auch schon mal eine Kette an, lässt ein "Insekt" an der Kette hoch- und runtergleiten, zeigt unter der Lampenbeleuchtung den Kontrast von schwarzem Eisen und funkelnden Brillanten.

Es ist doch ganz erstaunlich, was Hilde Risch an Feingearbeitetem, Grazilen noch heute herzustellen vermag, obwohl, wie sie sagt, sie in ihren Fingerspitzen gar kein Gefühl mehr besitzt.

Das ist einerseits aus einer jahrzehntelangen Praxis als Goldschmiedin zu erklären, aber vor allem, wie ich meine, aus einer inneren Schau, aus einer mit Worten wohl nicht zu erklärenden Affinität zum Kosmos und zur Schönheit, zur belebten und unbelebten Schöpfung.

Mit einer ungebrochenen Natürlichkeit hat sie diese hineingenommen in ihr Werk - mit der "Grazie der Selbstverständlichkeit".

Der letzte Besuch - Abschied –

Donnerstag, 20. Juni 1996

"Morgen kommt Frau Scheidgen", sagt sie, wie ein Kind, das sich etwas wiederholt, um es sich zu merken. "Also morgen sehe ich Frau Scheidgen."
"Aber mir geht es nicht gut", sagt sie.
"Aber ich möchte Sie trotzdem besuchen", spreche ich in die Muschel des Telefonhörers.
"Trotzdem besuchen", wiederholt sie, als hole ich sie von einer unendlich weiten Reise in ein ganz anderes Land zurück, und sie müsse sich erst orientieren. "Mittag oder Nachmittag", frage ich, "was ist Ihnen lieber?"
"Nachmittag, „ antwortet sie nach einer langen Pause. Und wieder nach einer Pause sagt sie: "Ich sehe morgen Nachmittag Frau Scheidgen." Sie spricht unendlich langsam und unendlich leise. Das Telefonieren strengt sie furchtbar an. "Dann können wir jetzt Schluss machen", sagt sie, "auf Wiedersehen, bis morgen."
"Ja, bis morgen!" antworte ich.

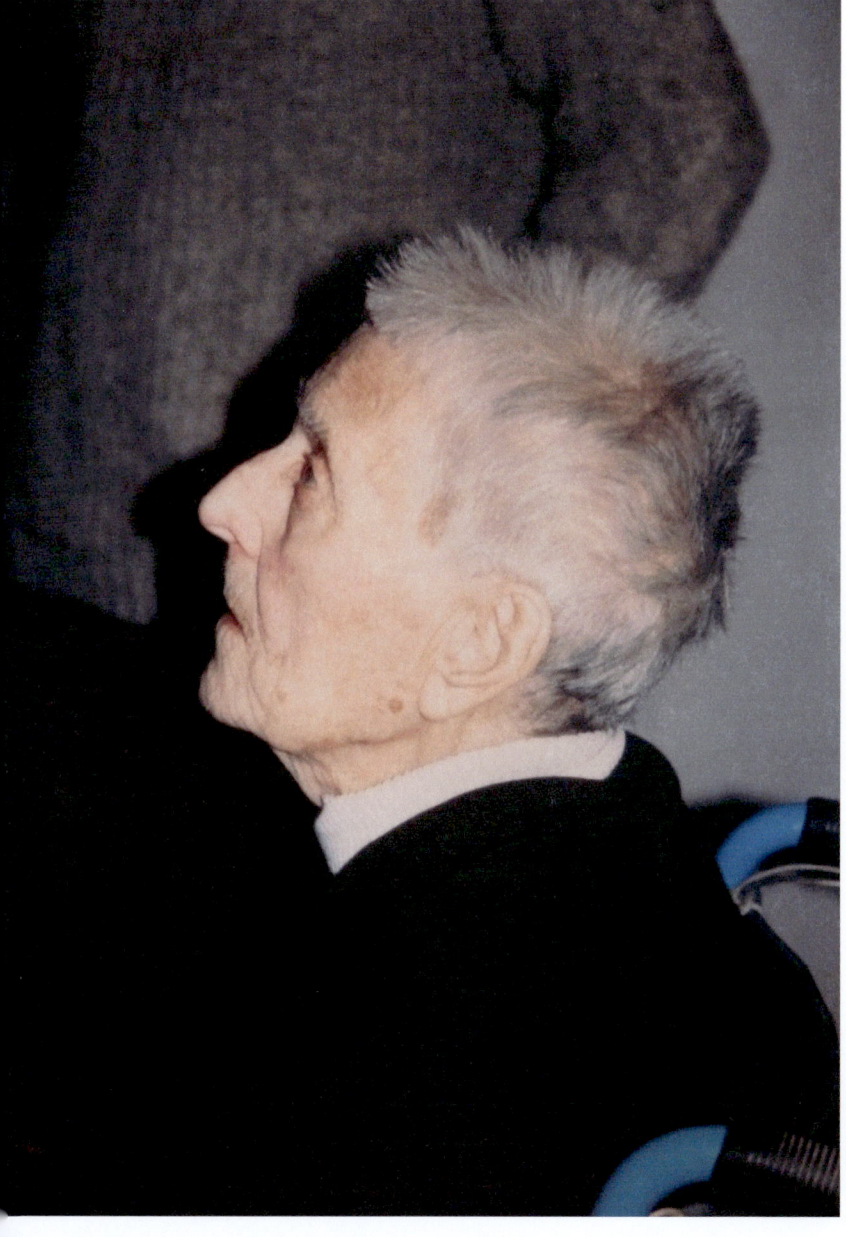

Ich bin verstört und traurig über das Nachlassen der Kräfte einer bis vor kurzem noch so vitalen Frau, das ich soeben am Telefon miterleben muss.

Die Schwester sagt mir, dass dieser Zustand seit etwa einer Woche bestünde. Und doch habe ich das Gefühl, dass da plötzlich etwas ist, einem Strohhalm gleich, aus einem Leben, was schon hinter ihr liegt, das ihr Halt gibt - bis morgen nur noch.

"Ja, bis morgen", sagt sie mit einer so feinen, schon fast nicht mehr irdischen Stimme.

"Ja, liebe Frau Risch!"

Am nächsten Tag besuche ich sie in ihrer neuen Heimstatt, dem St. Franziskus-Altenheim in Langenfeld, einem freundlichen und modernen Ziegelsteinbau in einem ruhigen Wohnviertel des rheinischen Städtchens.

Nach Langenfeld ist Hilde Risch gekommen, weil hier eine Tochter ihrer Freundin Eva Mascher-Elsässer lebt, die sich um sie kümmern kann.

Hilde Risch kann nach einer Oberschenkelhalsbruch-Operation das Bett noch nicht verlassen, vielleicht kann sie es nie mehr verlassen.

Die Wiederbegegnung mit dieser grandiosen Frau an einem Ort, der nicht geprägt ist durch ihre Persönlichkeit, außerhalb ihres Zuhauses, ist notgedrungen schwierig. Aber ich bin froh, dass sie äußerlich fast noch dieselbe ist, wie ich sie aus der Zeit in Wesseling kenne.

In ihrem geblümten Nachthemd sitzt sie aufrecht im Bett, von Kissen gestützt, eine würdevolle Erscheinung trotz der äußeren Hilflosigkeit. Nur eine große Müdigkeit ist unverkennbar. Ich merke, wie das Sprechen sie anstrengt.

Und doch haben wir eineinhalb Stunden miteinander gesprochen, langsam und mit vielen Pausen. Jedes Wort erhält dadurch besonderes Gewicht.

"Ich habe mich sehr auf Ihr Kommen gefreut", sagt sie und bedankt sich für die mitgebrachten Blumen. Und ich freue mich, bei ihr sein zu können.

Lebhaft erinnert sie sich an meinen letzten Besuch in Wesseling, bei dem auch mein Mann und mein zweitältester Sohn Daniel dabei waren.

Hilde Risch mit Ilka und Heinrich Scheidgen

"Sie sind so richtig nach meinem Geschmack. Das hat mir viel Spaß gemacht mit Ihrem Mann. Und Ihr Junge", fährt sie fort, und sie blickt mich dabei mit leuchtenden Augen an, "dass er jetzt auf Giebichenstein ist, wo ich einmal angefangen habe..."

Dann eine Weile Schweigen. "Die Kräfte werden immer weniger", sagt Hilde Risch, ohne Wehmut, Klage oder Pathos, "aber das ist so, wie es sein muss. Wir müssen ja alle sterben. Für mich ist es jetzt Zeit zu gehen."

"Ich möchte zu meinen Freunden", sagt sie dann unvermittelt. Erst als sie nach einer kleinen Pause hinzufügt "Ich möchte, dass der liebe Gott mich gehen läßt", begreife ich, was sie meint.

Ich streichle ihre ineinander verschränkten Hände. "Ach", sagt sie leise, "Sie haben so schöne warme Hände! Ich freue mich wirklich sehr, dass Sie gekommen sind."

So ein Besuch am Krankenbett, in einer fremden, unpersönlichen Umgebung ist schwierig, und eine solche Situation lässt einen nur schwer passende Worte finden.

Meistens nicke ich nur stumm zu dem, was Hilde Risch sagt. Was kann ich auch entgegnen, wenn sie von ihrer zu Ende gehenden Zeit spricht

Sie selbst ist ja mit dieser großen Selbstverständlichkeit, die wohl ihr ganzes Leben gekennzeichnet hat, zur Annahme des Endes bereit.

Ein zweites Mal spricht sie vom "lieben Gott", die sich in unseren früheren Gesprächen eher gescheut hat, von Gott zu sprechen. Vielleicht ist es dieser "liebe Gott" aus Kindertagen, der nun ganz plötzlich wieder so selbstverständlich in ihrem Vokabular auftaucht.

Angst vor dem Tod hat diese große und auch hier in ihrem Bett noch so stolz wirkende Frau nicht. "Alles ist so, wie es sein muss," sagt sie, "der liebe Gott hat uns alles gegeben, und wenn er es wieder nimmt, so ist es richtig so."

Die manchmal beim Sprechen halb gesenkten Lider hebt sie und sieht mich aus klaren Augen an: "Ich kann nur sagen: ich bin bereit!"

Ich sage "ja" und muss doch mit den Tränen kämpfen.
Ich erzähle ihr von Halle, wohin ich gerade vor kurzem gefahren war, um "auf ihren Spuren zu wandeln".

Sie hört mir zu, wie ich von der "Burg" erzähle, von der Franckeschen Stiftung, deren Lyzeum sie besucht hat, das Haus Kleinschmieden 4, wo sie mit Eva Elsässer die erste eigene Goldschmiedewerkstatt hatte.

Es kommt mir so vor, als würde vor ihrem inneren Auge die Vergangenheit noch einmal lebendig, aber ich merke auch, dass sie im Grunde mit allem Vergangenen bereits abgeschlossen hat.

„Die Burg" oberhalb der Saale

"Vor vier Wochen habe ich noch gearbeitet", sagt sie dann. Nicht so sehr Bedauern, sondern vielmehr Erstaunen entnehme ich dieser Mitteilung, wie es zu einem so abrupten Ende ihres Schaffens kommen konnte.

"Den Schmuck bekommen meine Freunde, wie sich das gehört", erklärt sie ohne eine Spur Melancholie, "und die können damit machen, was sie wollen."

Ein Lebenswerk ist abgeschlossen. Es ist abgebrochen worden durch den Schicksalsschlag eines häuslichen Unfalls, bei dem sich Hilde Risch den Oberschenkelhalsbruch zuzog. Als ich sie zum ersten Mal nach der Operation anrief und für sie das Urteil gefällt worden war, dass sie nie wieder in ihre Wohnung zurückkehren könnte, nahm sie auch diese Entscheidung mit großer Ruhe und Gelassenheit hin.

Ich musste sofort an die "Grazie der Selbstverständlichkeit" denken, über die wir beim letzten Mal gesprochen hatten - noch in ihrer Wohnung in Wesseling.

Wahrhaftig - diesen Schicksalsschlag, von einem Moment auf den anderen aus einer Selbständigkeit in die Hilfsbedürftigkeit, in das Angewiesensein auf fremde Hilfe, "hineinkatapultiert", wie sie es selbst formuliert, zu werden und dieses anzunehmen, dazu gehört eine innere Größe, die man sich nur im Laufe eines ganzen Lebens erwerben kann.

Als ich Hilde Risch vor meinem Besuch im Altenwohnheim, kurz nachdem sie dort eingezogen war, am Telefon danach fragte, ob sie denn dort vielleicht noch arbeiten könne, sich eventuell eine kleine Arbeitsecke wie in ihrer Wohnung in Wesseling einrichten könne, antwortete sie: "Nein, das ist leider gar nicht möglich. Ich kann doch hier nicht mit Feuer arbeiten. Und Feuer brauche ich für meine Arbeit."

So schließt sich hier der Kreis. Das Feuer war es, welches die junge Hilde Risch so begeistert hatte, dass sie sich für ihren Beruf entschied. Nun mandelt es ihr am Feuer, das ihr Leben und Arbeiten bestimmte. Die lodernde Flamme - auch als Lebenselement - ist für Hilde Risch erloschen. Und so spüre ich dieses Feuer des Lebens, des Leben- und Schaffenwollens, auch aus ihr entweichen und mit ihm zugleich den Lebensinhalt und Lebenssinn.

Doch was uns diese große und doch so bescheidene Künstlerin hinterlässt, ist von diesem Feuer durchdrungen, ist Gestalt gewordene Anmut und Schönheit.

Noch einmal sprechen wir von der Grazie. "Grazie, " sagt Hilde Risch, "das ist etwas, was man sehr ernst nehmen muss." Und sie findet noch eine neue Wende im Durchspielen dieses Begriffs: "Charme gibt es nicht ohne Grazie. Ohne Charme gibt es keine Grazie. Es gibt nur graziösen Charme."

Sie wiederholt diese drei Sätze - wie eine Formel, die ich mir notieren soll, die Anstrengung lässt sie einen Augenblick die Lider schließen. Dann schaut sie mich wieder aufmerksam an.

Lächelnd deutet sie auf ein Bild, das neben ihrem Bett an der Wand hängt und sagt nur leise: "Die Brücke!" Ich kenne dieses Bild bereits aus Hilde Rischs Wohnung. Es ist eine Perlenstickerei, das einzige persönliche Stück, welches sie mit hierher genommen hat.

Das Bild ist ein Geschenk einer ihrer engsten Freundinnen, Heloise von Lettow-Vorbeck, Schülerin der Burg Giebichenstein wie Hilde Risch.

Auf hellblauem Seidenstoff ist ein Engel mit großen ausgebreiteten Flügeln aus kleinen Perlen aufgestickt. Jetzt erst erkenne ich die Brücke, die ich früher gar nicht bemerkt hatte. Erst später erfahre ich, dass die Brücke das Hauptmotiv war und der Engel wie eine Vision hinzugefügt worden war.

Lange schauen wir uns die Darstellung schweigend an. Hilde Risch drückt mir nur die Hände. Ich glaube zu verstehen, was sie mir sagen will: Der Engel steht wartend bereit hinter der Brücke.

Dann sagt Hilde Risch: "Ich freue mich, dass Sie an meinem Schicksal Anteil nehmen, dass Sie an meinem Leben teilnahmen." Und voller Dankbarkeit darf ich noch von ihr das vielleicht schönste Geschenk entgegennehmen, als sie mir sagt: "Wir sind uns doch sehr nahe gekommen in der Zeit, seitdem wir uns kennen, ich möchte fast sagen, dass eine Freundschaft entstanden ist."

Viel denke ich in den nächsten Tagen an Hilde Risch, an diese anrührende Begegnung an ihrem Krankenbett. Ich habe ihr noch zu ihrem 93. Geburtstag brieflich gratuliert, weil ihr das Telefonieren so schwer fiel. Aber diesen Brief hat sie schon nicht mehr erhalten.

Acht Tage nach meinem letzten Besuch ist sie gestorben, ist das Lebensfeuer dieser großen Frau und Künstlerin, das zuletzt nur noch glomm, erloschen.

Die Stationsschwester des Franziskushauses sagte mir: "Es ist genau das eingetreten, was sie sich so sehnlichst gewünscht hat. Sie ist ganz friedlich eingeschlafen."

Wahrscheinlich hat Hilde Risch sich diesem Leben, das für sie diesen Begriff zum Schluss wohl nicht mehr verdient hat, verweigert. In der Sorge, dass "der liebe Gott sie vergessen" könne, hat sie fast gar nichts mehr gegessen. Und so war auch die Ursache ihres Todes nicht aufklärbar.

Dass ihre letzte Heimstatt das St. Franziskus - Heim gewesen ist, auch das kann, wie so vieles andere im Leben von Hilde Risch, kein Zufall gewesen sein.

War doch die Gestalt des Hl. Franziskus diejenige, die sie am meisten bewunderte. Fast könnte man sagen, ihr Leben, vom Geiste der Armut geprägt, war eine Nachfolge dieses Heiligen. Sie hat mir einmal das

Buch "Mein Franz von Assisi" von Nikos Kazantzakis geliehen, welches sie besonders liebte. Es sei mir gestattet, einige Textstellen, die Hilde Risch in dem Buch angestrichen hatte, zu zitieren.

Sie erscheinen mir, jetzt noch mehr als während der Zeit, in der wir miteinander gesprochen haben (auch über diesen Roman), in der ich diese ungewöhnliche Frau immer besser kennenlernen durfte, wie ein Credo über ihrem Leben zu stehen, dem Bekenntnis zu allergrößter Bescheidenheit.

" 'Herr', murmelte er, 'ich begreife nicht, aber ich frage nicht. Wer bin ich, dass ich fragen dürfte? Ich widerstehe nicht. Wer bin ich, dass ich widerstehen dürfte? Abgründig sind deine Beschlüsse. Wie kann ich niedersteigen und deine den Abgrund erforschen? Du siehst tausend Jahre vor dir und urteilst, und was heute dem Gehirnchen des Menschen Ungerechtigkeit erscheint, gilt nach tausend Jahren als Mutter des menschlichen Heils. Wenn das, was wir heute als Ungerechtigkeit nennen, fehlte, würde vielleicht niemals Gerechtigkeit in die Welt kommen.' "

" ' Was für ein Glück, ' sagte er zu mir, 'keinen Willen zu haben, nicht Ich zu sagen, dich nicht zu erinnern, wer du bist und wie du heißt, und dich vertrauensvoll dem Blasen Gottes zu Überlassen! das nenne ich Freiheit.' "

Ja, Freiheit hat im Leben von Hilde Risch eine ganz eminente Rolle gespielt. Sie hat sich stets ihre Freiheit zu bewahren gewusst. Ihre letzten Lebenswochen hat sie in äußerer Unfreiheit leben müssen. Das war sicher ein hartes Los für sie. Aber die innere Freiheit hat ihr nichts und niemand nehmen können. Sie wusste sich schon hineingenommen in eine größere Freiheit.

"Vom Anfang des Lebens bis zum Tod sind wir Teilhaber des ewigen Lebens", so - fast einem Vermächtnis gleich – hat Hilde Risch ihre Gedanken zu Leben und Tod in Worte gefasst.

Noch einmal denke ich an das Bild mit der Brücke und dem Engel und daran, wie sie gesagt hat: "Ich bin bereit." So unprätentiös und unspektakulär, so ohne jedes Aufheben, wie sie diese Äußerung tat, ist Hilde Risch von uns gegangen. <u>Sie</u> hatte schon teil am ewigen Leben.

Schluss

Für den Katalog, den die GEDOK anlässlich ihres 90. Geburtstages herausgegeben hat, hatte Hilde Risch zu den Abbildungen einiger ihrer schönsten Werke Wahlsprüche, die ihr viel bedeuteten, ausgesucht. Wir lesen dort zum Beispiel zwei Aussprüche von Ernst Jünger, den sie sehr verehrt hat wegen der Klarheit seiner Sprache, wie sie mir mehrfach erzählte. Die Klarheit in der Ausdrucksform war sicher das, was sie in ihrer gestaltenden Schmuckkunst mit der Dichtung von Ernst Jünger verband.

Ernst Jünger: "Die wirkliche Form ist nicht das Außerordentliche...sie ist vielmehr das Alltägliche." Es ist wahr, nichts lag dem Menschen und der Künstlerin Hilde Risch ferner, als außergewöhnlich sein zu wollen. Und gerade mit dieser Einstellung einer großen Bescheidenheit und Selbstverständlichkeit hat sie Außerordentliches geschaffen.

Und das war ein weiterer Wesenszug von Hilde Risch. Sie hat sich bis ins Alter hinein die Fähigkeit bewahrt, staunen zu können.

Weil sie genau hinsah, erkannte sie im Unscheinbarsten das Großartige der Schöpfung. "Das Wunderbare ist überall, und das Außergewöhnliche gehört der Ordnung an." (Ernst Jünger)

Das Wunderbare in Schmuckstücken aufleuchten zu lassen, dazu war Hilde Risch in hervorragender Weise befähigt. Spielerisch fand sie zu Werken höchster Harmonie und Formvollendung.

Nachdem unser Gespräch durch ihren Tod verstummt ist, wende ich mich intensiver ihren Kunstwerken zu. Ich sehe und lasse mich betören vom matten Schein des Goldes, dem Glanz von Perlen, der Farbigkeit der Turmaline, der Leuchtkraft von Korallen, dem dunklen Schimmer von Eisen, dem Feuer der Brillanten, der Tiefgründigkeit eines Smaragds, der Opakheit eines Mondsteins, dem verhaltenen Leuchten von Rubinen, dem fluoreszierenden Licht der Opale...

Die Verzauberung geht nicht von den Edelsteinen und Edelmetallen aus. Lägen sie da, unstrukturiert, ohne dass sie eine menschliche Hand gestaltend in Beziehung zueinander gebracht hätte, wären sie ohne Inhalt und Ausstrahlung.

Und mir wird klar, was ihr eigentliches Geheimnis ist: dass nämlich die Aufgabe aller Kunst darin besteht, das Metaphysische in den Dingen sichtbar zu machen. Dazu hat sich Hilde Risch in ihrer Kunst bekannt. Es liegt an uns, dies zu erkennen.

Die Goldschmiedin Hildegard Risch kennengelernt zu haben, mit ihr über ihr Leben und Arbeiten gesprochen zu haben, ist ein großes Geschenk, eine persönliche große Bereicherung meines Lebens. Das Andenken an eine Anmut, die aus Können und Meisterschaft bei gleichzeitiger Bescheidenheit gewachsen ist, wird mich in meinem Leben begleiten.

Hilde Rischs Schmuckstücke, die den Geist der Grazie verkörpern, werden überdauern.

Im November 1996

Nachbemerkung

Zwanzig Jahre sind seit Verfassen meines Porträts über die Schmuckkünstlerin Hildegard Risch vergangen. Im Jahre 1997 hatte ich noch eine öffentliche Lesung aus dem Porträt im George-Sand-Center in Köln.

> 8 Uhr
> Di 14.10.
>
> Lesung
> **Ilka Scheidgen:**
> **Die Grazie der Selbstverständlichkeit"**
> Ein Portrait der Goldschmiedin Hildegard Risch
>
> Die Autorin lernte die bekannte Schmuckkünstlerin als außergewöhnliche Persönlichkeit durch über einen längeren Zeitraum geführte intensive Gespräche kennen. Noch im hohen Alter - Hildegard Risch ist 1996 im Alter von 93 Jahren gestorben- arbeitete die Künstlerin, deren Schmuckstücke sich auch in Museen befinden, mit ungebrochenem Gestaltungsdrang. Während eines langen Lebens, interessiert am Weltgeschehen, ist sie zugleich zu einer Zeugin dieses Jahrhunderts geworden.
> Im zweiten Teil des Abends liest Ilka Scheidgen aus:
> „Aufbruch ins Unbekannte"
> Fischer TB 1997, in der Reihe „Die Frau in der Gesellschaft"
>
> Unkostenbeitrag DM 5,-
>
> Frauencenter
> George Sand
> Marsilstein 13,
> 50676 Köln
> Nähe Neumarkt

Zur Einsicht stand es Interessierten danach im Archiv der Kölner Sektion der Künstlerinnenvereinigung GEDOK zur Verfügung.

Umso mehr freue ich mich, dass nun mit dieser Publikation es jedem möglich ist, sich über die imponierende Gestalt Hildegard Risch ein anschauliches Bild machen zu können.

Dass sie zu den Pionierinnen der Schmuckkunst in Deutschland zählt, ist auch mit jüngsten Ausstellungen klar belegt.

So zeigte im September/Oktober 2013 der Hallesche Kunstverein eine große Ausstellung, wie die Mitteldeutsche Zeitung berichtete:

> *Das Stadtarchiv in Halle (Saale) präsentiert sich derzeit als Schmuckkammer. Der Hallesche Kunstverein stellt erstmals in Halle in einer Personalausstellung die beiden Goldschmiedinnen Hildegard Risch (1903-1996) und Eva Mascher-Elsässer (1908-1993) vor.*
>
> *Die beiden Künstlerinnen zu den Pionieren der modernen Schmuckgestaltung in Deutschland gehören. Sie haben in Halle an der Kunstgewerbeschule Burg Giebichenstein in der Metallklasse von Karl Müller studiert. Beide gehörten zu den Ersten, die die moderne hallesche Schmuckgestaltungstradition auf technisch und formal neuen Wegen entwickelten. Im Jahr 1927 gründeten sie im Juweliergeschäft Elsässer an den Kleinschmieden in der halleschen Innenstadt eine gemeinsame Werkstatt.*

Auch davor haben deutschlandweit wichtige Ausstellungen ihrer Kunst stattgefunden. Als Beispiele seien angeführt eine Ausstellung im Museum Angewandte

Kunst in Frankfurt am Main im Winter 2004/2005 unter dem Titel:

„Experiment und Tradition - Schmuck und Gerät von Hilde Risch und Eva Mascher-Elsässer"

Im Katalog zur Ausstellung heißt es:

Hildegard Risch und Eva Mascher-Elsässer gehören zu den Pionierinnen auf dem Gebiet der Schmuckgestaltung. Beide Künstlerinnen studierten an der Hallenser Kunstgewerbeschule Burg Giebichenstein, der bedeutenden Schule neben dem Bauhaus Weimar. In den 20er Jahren des vergangenen Jahrhunderts, einer Zeit, in der sich Frauen neue Arbeitsfelder erstritten, lernten sich die beiden jungen Frau an der Burg kennen, wo Risch als Gürtlerin und Elsässer als Silberschmiedin ausgebildet wurden. Eine lebenslange Freundschaft entstand. Eine gemeinsame Werkstatt im Jahr 1927 war der Anfang. Im Sommer 1929 folgt eine intensive Reise. "wir hielten uns acht Wochen in London auf", schrieb Eva Mascher-Elsässer später über die gemeinsame Zeit, "hier offenbarte sich uns der Zauber des Goldes an den herrlichen Sammlungen aus Ur, Babylon, Ägypten, Mykene, Etrurien mit dem Wunder der Granulation."

Diese Begegnung beeinflusste das Arbeiten der Künstlerinnen nachhaltig, oft fühlt man sich beim Anblick ihrer Schmuckstücke an Geschmeide vergangener Kulturen erinnert. Bis weit in die 80er Jahre hinein reichte die überaus produktive Tätigkeit der beiden Schmuckgestalterinnen, die geprägt blieb von Erfindungskraft und Arbeitsfreude.

Hilde Risch und Eva Mascher-Elsässer werden zu den "Klassikern" der Schmuckkunst des 20. Jahrhunderts gezählt. Der Aspekt der Tradition gehört zu den markan-

ten Motiven ihrer Arbeit - gepaart mit einem gehörigen Maß an Material- und Experimentierfreude sowie gelegentlicher Ironie. Die Ausstellung im Museum für Angewandte Kunst Frankfurt ist die zweite Station nach dem Museum für Hamburgische Geschichte.

Das Hamburger Abendblatt titelte am 13. April 2004 „Kunstwerke aus Gold und Silber" und berichtete ausführlich über die Ausstellung im Museum für Hamburgische Geschichte:

Hildegard Risch und Eva Mascher-Elsässer zählen zu den interessantesten Vertreterinnen der deutschen Gold- und Silberschmiedekunst des 20. Jahrhunderts. Ihrem Schaffen ist eine Sonderausstellung im Museum für Hamburgische Geschichte gewidmet. "Sie führten eine künstlerisch sehr befruchtende Freundschaft, obwohl ihr jeweiliger Stil grundverschieden ist", sagt Claudia Horbas, Projektleiterin der Ausstellung "Experiment und Tradition".

Die beiden Frauen lernten sich in den 20er-Jahren in der Metallklasse von Karl Müller an der renommierten Kunstgewerbeschule Burg Giebichenstein in Halle kennen. 1927 gründeten sie in dem väterlichen Juweliergeschäft von Elsässer eine gemeinsame Werkstatt. Eine Reise nach London und der Besuch des Britischen Museums beeinflusste die Arbeiten der 1903 und 1909 geborenen Risch und Elsässer ganz besonders. "Der in London gezeigte antike Etrusker-Schmuck ist fortan . immer wieder in ihren Arbeiten zu erkennen gewesen", sagt Horbas.

Eva Elsässer zog 1935 nach Göttingen. Doch trotz des Krieges und der sich anschließenden deutschen Teilung blieben die beiden Frauen weiter in Kontakt. Als Rentnerin siedelte auch Hilde Risch in die Bundesrepublik.

Beide erhielten für ihre Arbeiten verschiedene internationale Kunstpreise. Hildegard Risch ist 1996 in Köln und Eva Mascher-Elsässer 1993 in Berg in der Pfalz gestorben. In der Ausstellung werden Werke aus dem Nachlass der beiden Künstlerinnen gezeigt, ergänzt durch einige Leihgaben aus Hannover, Leipzig und Halle/Saale. (diz)

Nicht zuletzt soll auch nicht verschwiegen werden, dass Schmuckstücke von Hildegard Risch zu fünfstelligen Euro-Preisen im Handel sind, was nur zusätzlich unterstreicht, um was für außergewöhnliche Pretiosen es sich bei ihrer Schmuckkunst handelt, auch wenn der materielle Wert für die Künstlerin Hildegard Risch überhaupt keine Rolle gespielt hat.

Aktuell und fortlaufend sind Arbeiten der für Halle so bedeutenden Schmuckkünstlerin Hildegard Risch im Kunstmuseum Moritzburg zu sehen, wie auf der Homepage des Museums zu ersehen ist:

Die Sammlung Kunsthandwerk & Design **im**

Kunstmuseum Moritzburg

Metallgerät, im 20. Jahrhundert von Künstlern wie Karl Müller oder Wolfgang Tümpel an der Kunstschule Burg Giebichenstein in Halle oder Marianne Brandt am Dessauer Bauhaus gestaltet, bildet einen weiteren Sammlungsschwerpunkt. Künstlerischer Schmuck ist durch Meister wie Johann Michael Wilms oder Hildegard Risch vertreten. Die jüngere hallesche Schmuckkunst wird in ihrer Entwicklung dokumentiert.

Erläuterungen

GEDOK:

Der Verband der Gemeinschaften der Künstlerinnen und Kunstförderer e. V. ist das älteste und europaweit größte Netzwerk für Künstlerinnen aller Kunstgattungen.

Der Verein wurde 1926 in Hamburg von der deutschen Jüdin Ida Dehmel (1870–1942) als „Gemeinschaft Deutscher und Oesterreichischer Künstlerinnenvereine aller Kunstgattungen" gegründet.

Die Abkürzung GEDOK ergibt sich aus diesem Gründungsnamen. Es ist ein Verein speziell zur Förderung von Frauen in Kunst, Musik und Literatur.

In der Literatur gehörte die Dichterin Hilde Domin zu seinen prominentesten Mitgliedern, die auch mit dem Ida-Dehmel-Preis ausgezeichnet wurde.

Hildegard Risch war Ehrenmitglied des Kölner Verbandes GEDOK.

Burg Giebichenstein:

Die berühmte Kunsthochschule von Halle befindet sich mit etlichen Kunstklassen auf dem Campus des über tausend Jahre alten Burggeländes, das sich auf einer Anhöhe oberhalb der Saale erstreckt und mit seinen uralten Gemäuern von weither sichtbar ist.

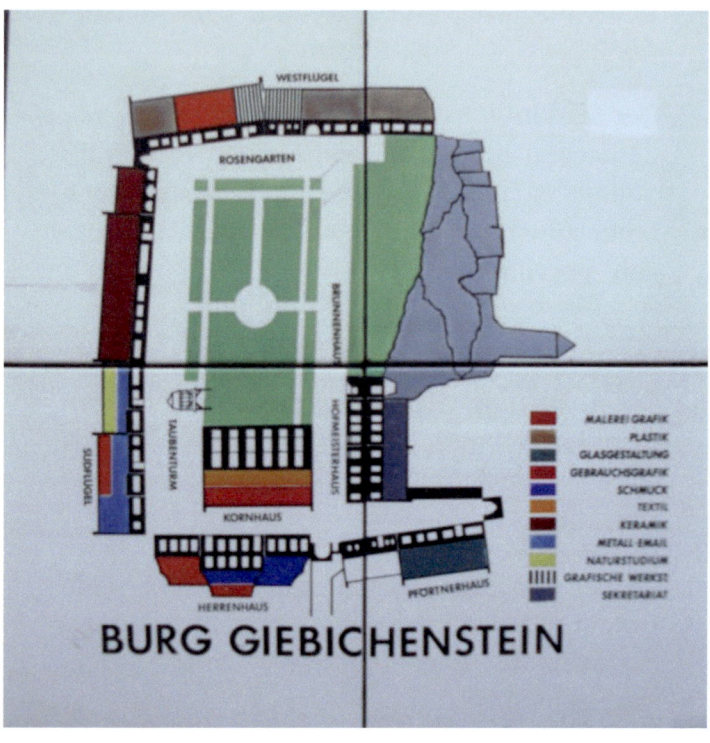

Keramiktafel zur Orientierung der einzelnen Klassen auf der „Burg"

Die heutige Schmuckklasse befindet sich, wenn man den Hof durch den Eingang betritt, gleich links in dem ehemaligen Herrenhaus (blau).

Der erste Direktor auf der Burg Paul Thiersch baute diese ab 1915 zur modernen staatlich-städtischen Kunstgewerbeschule im Sinne der Ideen des Deutschen Werkbundes aus. Mit dem nahen Bauhaus Dessau standen die Künstler in wechselseitiger Beeinflussung, aber auch im Wettbewerb.

Während der DDR-Zeit wurde die Burg als *Hochschule für industrielle Formgestaltung Halle* bezeichnet. Ab 1990 nannte sie sich *Burg Giebichenstein Hochschule für Kunst und Design Halle*.

Zwanzig Jahre später (2010) wurde sie noch einmal umbenannt in *Burg Giebichenstein Kunsthochschule Halle*. 2015 konnte die berühmte Schule ihr 100-jähriges Bestehen feiern.

Inhaltsverzeichnis

Vorbemerkung	5
Einleitung	8
Beginn	11
Vom Gürtlerhandwerk zur Goldschmiedekunst	20
Die Lehre der Armut	34
Ein Leben als Zeitzeugin	43
Das Prinzip des Weglassens	61
Die Grazie der Selbstverständlichkeit	71
Der letzte Besuch – Abschied	82
Schluss	102
Nachbemerkung	105
Erläuterungen	111

© Ilka Scheidgen

Ilka Scheidgen schreibt Lyrik, Romane, Erzählungen, Essays, Rezensionen und Autorenporträts. Sie hat sich als Schriftstellerin und Publizistin in vielfacher Weise einen Namen gemacht.

Über Hilde Domin (1909-2016) und Gabriele Wohmann (1932-2012) hat Ilka Scheidgen die einzigen autorisierten Biografien veröffentlicht.

Zuletzt erschienen von ihr fünf Bände mit Doppel-Porträts sowie das Porträt „Martin Walser – Der weise Mann vom Bodensee".

2002 wurde sie für ihr literarisches Werk mit dem Kulturpreis des Kreises Euskirchen ausgezeichnet.

Homepage der Autorin:
www.ilka-scheidgen.de